W0041130

Lob der Nation

Michael Bröning

Lob der Nation

Warum wir den Nationalstaat nicht
den Rechtspopulisten überlassen dürfen

Bibliografische Information der Deutschen Nationalbibliothek

Die Deutsche Nationalbibliothek verzeichnet diese Publikation
in der Deutschen Nationalbibliografie; detaillierte bibliografische
Daten sind im Internet über http://dnb.dnb.de abrufbar.

ISBN 978-3-8012-0528-7

Copyright © 2018 by
Verlag J.H.W. Dietz Nachf. GmbH
Dreizehnmorgenweg 24, 53175 Bonn
Umschlag: Birgit Sell, Köln
Satz: Petra Strauch, Bonn
Druck und Verarbeitung: CPI books, Leck

Alle Rechte vorbehalten
Printed in Germany 2018

Besuchen Sie uns im Internet: *www.dietz-verlag.de*

Inhalt

Imagine there's no countries
It isn't hard to do
Nothing to kill or die for
And no religion, too
John Lennon

1 Einführung:
Von einem Konsens, der keiner ist

Ein Lob der Nation? Eine Verteidigung des Nationalstaats? Wer so denkt, denkt der nicht gefährlich? Weshalb nicht gleich ein Hoch dem Chauvinismus, ein Hurra auf die Gewalt oder ein pathetisches Bekenntnis zu Ausgrenzung und Hass? Das jedenfalls scheint derzeit weitgehend Konsens nicht nur in der deutschen politischen Klasse, sondern auch in der medialen Berichterstattung, in den Berliner Salons, im Kulturbetrieb, in der Ökonomie, den Sozialwissenschaften, auf Kirchentagen, Parteikonventen und in den allgegenwärtigen Talkshows zu sein. Längst hat sich der Abgesang auf den Nationalstaat zu so etwas wie einem Soundtrack der Öffentlichkeit in Deutschland entwickelt.

Einen der wortgewaltigsten und wohl auch persönlichsten Angriffe gegen das vermeintliche Gift der Nation ritt dabei Peter Glotz, in den 1980er-Jahren Bundesgeschäftsführer der SPD und lange Jahre intellektueller Vordenker seiner Partei. Glotz kritisierte den »Irrweg des Nationalstaats« – so der Titel eines 1990 von ihm publizierten Bands – und nahm dabei kein Blatt vor den Mund: Die Bejahung der Nation war für ihn mit Erich Fromm »moralischer Wahnsinn« und der Staat ein überkommener »Homunkulus«, der weltweit nichts als Unfrieden stifte. Sein wortgewaltiges *J'accuse* gegen den Nationalstaat gipfelte in der Mahnung, ein Festhalten an der Nation sei eine intellektuelle Vorstufe zum Massenmord, denn: »Wer eine Renaissance des Nationalstaats fördert oder auch nur duldet, wird Mitschuld tragen an Hunderttausenden von Toten.«[1]

Glotz wählte drastische Worte. Doch inhaltlich ist seine Position heute *Common Sense* zumindest aufgeklärter Kreise: Der Nationalstaat sei rückwärtsgewandt und impraktikabel, unsolida-

risch, ineffektiv und in Anbetracht globaler Herausforderungen
bestenfalls ein impotenter Atavismus, der eine angemessene Antwort auf die Herausforderungen der Gegenwart schuldig bleibe.

Kaum eine Debatte kommt dabei ohne den Hinweis auf die
Nation als künstliches Konstrukt aus. Spätestens seit Benedict
Anderson verstehen Sozialwissenschaftler Nation als »imaginierte
Gemeinschaft«, als ein sozial konstruiertes Etwas, das schon auf-
grund der willkürlichen Gesetztheit zu hinterfragen sei.[2] Und
Karl W. Deutsch prägte Generationen von Politikwissenschaftlern
mit dem Bonmot von der Nation, die auf einem »gemeinsamen
Irrtum hinsichtlich der eigenen Abstammung und einer gemeinsa-
men Abneigung gegen Nachbarn« beruhe.[3] Ganz zu schweigen von
Karl Marx und Friedrich Engels: Beide ließen keinen Zweifel daran,
dass die Lösung der sozialen Frage durch die Arbeiterklasse zu einer
Überwindung der Nation führen müsse. Schließlich produziere die
Ausbreitung des Kapitalismus »im Allgemeinen überall dieselben
Verhältnisse zwischen den Klassen der Gesellschaft und vernichtet
dadurch die Besonderheit der einzelnen Nationalitäten«.[4]

Angesichts dieser Ausgangslage geht es für viele Progressive
nun darum, ebendieses soziale Konstrukt »Nation« zu bearbei-
ten, zu verändern und, ja, zu überwinden. Weshalb auch sollte das
nicht möglich sein? Sind nicht selbst Geschlechterrollen frei wähl-
bar? Warum dann nicht über die Dekonstruktion der Nation den
Weg bahnen für eine friedliche menschliche Zukunft, in der, wie
von John Lennon besungen, nicht länger Staaten und ihre Grenzen
dem Traum weltweiter Brüderlichkeit im Wege stehen? »It's easy
if you try!«

Doch wenn der Nationalstaat bereits überlebt und dysfunktio-
nal ist oder zumindest sein Ableben unmittelbar bevorsteht, was
tritt dann an die Stelle des zunehmend zahnlosen Relikts? Die Antwort seiner Grabredner lautet: Die Zukunft gehört supranationa-
len Zusammenschlüssen und dezentral kooperierenden Regionen.

Diese Vision wurde besonders nachdrücklich von Robert
Menasse und Ulrike Guérot herausgearbeitet. Menasse plädiert in

seinem *Europäischen Landboten* für eine Neuerfindung Europas als »Kontinent ohne Nationen, eine freie Assoziation von Regionen«[5], während Guérot darlegt, *Warum Europa eine Republik werden muss.* Es gehe darum, den Nationalstaat zu »sprengen«, denn nur so könne »eine Neugründung Europas« als kontinentaler Bundesstaat, »getragen von den Regionen«, gelingen.[6]

Doch eine gewichtige Frage bleibt: Wenn die Kritiker recht haben, wie erklärt sich dann die weltweit anhaltende emotionale Bindung vieler Bürgerinnen und Bürger an das Phänomen Nationalstaat? Weshalb weigern sich die Menschen auf diesem Planeten augenscheinlich, das sozial konstruierte, rückwärtsgewandte und dabei so impotente wie ideologisch gefährliche Konzept der Nation endlich dorthin zu befördern, wohin es moralisch und letztlich gesetzmäßig für progressive Beobachter zu gehören scheint: auf den Müllhaufen der Geschichte? Die Antwort lautet: Weil sie diese Auffassung nicht teilen.

Die Beharrungskräfte des Nationalstaats

Die nackten Zahlen belegen, dass der Nationalstaat für viele Bevölkerungen dieser Welt als ein vielversprechendes Vehikel der Zukunft angesehen wird. Die Zahl der Nationalstaaten lag im Jahr 1980 noch bei 177. Im Zuge des Zerfalls der Sowjetunion und Jugoslawiens schnellte diese Zahl nach oben. Aktuell – Stand Anfang 2018 – gibt es 202 Staaten, Tendenz steigend. Auch wenn eine Vielzahl dieser Länder derzeit ehrlicherweise kaum als funktionierende *National*staaten bezeichnet werden können, »bleibt nationalstaatliche Souveränität noch immer eine begehrte politische Ressource«[7]. Separatistische Bewegungen wie jüngst die der Schotten und der Katalanen oder seit geraumer Zeit die der Kurden und der Palästinenser richten ihre Souveränitätswünsche daher durchaus nachvollziehbar auf die Errichtung eines eigenständigen Nationalstaats aus. Auch in Asien und Afrika haben Regionen diesen begehrten Status in jüngerer Zeit errungen: In Osttimor und im Südsudan feierten Unabhängigkeitsbewegungen die Etablierung eigener Nationalstaatlichkeit – durchaus mit enthusiastischer Unterstützung auch progressiver Beobachter.

Auch wenn es manch einem Betrachter augenscheinlich schwerfällt, das zu akzeptieren, muss man konstatieren: Diese Entwicklung wird getragen von dem dezidierten Wunsch einer überwiegenden Mehrheit der Weltbevölkerung nach einer nationalstaatlichen Identität. Über das Ausmaß dieser Verbundenheit der Menschen mit ihrem Staat liefern die Ergebnisse der Meinungsforschung wie etwa der *World Values Survey* (WVS) wichtige Hinweise. Die Umfragen des WVS, die im Jahr 1981 starteten, beinhalten repräsentative Meinungsumfragen in fast 100 Ländern, die rund 90 % der Weltbevölkerung erfassen. Damit gilt diese Umfrage als die größte nichtkommerzielle supranationale Untersuchung menschlicher Überzeugungen – quer über Landes- und Kulturgrenzen hinweg.

So divers die Einzelergebnisse auch ausfallen, so eindeutig ist das Ergebnis in Bezug auf den Nationalstaat. In den neueren Erhebungen, die zwischen 2010 und 2014 durchgeführt wurden, fragten die Forscher dezidiert nach der Rolle des Staates: 86 % der Befragten zeigten sich »sehr« oder »ziemlich stolz« auf die Zugehörigkeit zu ihrer Nation. Der Anteil derjenigen, die »überhaupt keinen Stolz« auf ihre Nationalität empfinden, lag dagegen gerade im einstelligen Bereich.[8]

In eine ähnliche Richtung gehen Ergebnisse des Meinungsforschungsinstituts YouGov aus dem Sommer 2017, die auf einer Befragung in sieben europäischen Ländern beruhen. Hier untersuchten die Forscher das Verhältnis von nationaler zu europäischer Identität. Das Ergebnis: Lediglich zwischen 1 % und 3 % der Befragten verstanden sich ausschließlich als Europäer: etwa 3 % der Deutschen, 2 % der Briten, 1 % der Franzosen und 0 % der Finnen. Die weit überwiegende Mehrheit der Menschen hingegen definierte sich nach wie vor in erster Linie über ihre nationale

Identität. Dabei fiel zumindest in Frankreich, Deutschland und Schweden auf, dass diese nationale Identität durch eine europäische Identität zumindest in Teilen ergänzt wird. Doch auch hier blieb der Anteil derer, die sich zuerst als Europäer und dann erst als Bürger ihres Nationalstaats fühlen, zwischen 4 % und 6 %. Lediglich in Deutschland erreicht dieser Wert die 10-%-Grenze – ein überraschend geringer Wert angesichts des jahrzehntewährenden europäischen Einigungsprojekts.[9]

Zugleich aber setzen die Ergebnisse ein Fragezeichen nicht nur hinter die moralische Autorität der Kritiker des Nationalstaats, sondern auch hinter die Realisierbarkeit jeglicher antinationalen politischen Strategie – zumindest auf demokratischem Wege. Denn mit welchem Recht wird hier 86 % der Weltbevölkerung die eigene, frei gewählte Identität in Abrede gestellt?

Doch wie lässt sich erklären, dass sich die Realität der freiwilligen Identifizierung mit dem Nationalstaat so massiv unbeeindruckt davon zeigt, was die Kritiker der Nationalstaaten als deren gravierendste Defizite herausstellen? Warum halten die Bürgerinnen und Bürger nichts vom anhaltenden Abgesang auf die Nation?

Offensichtlich entspricht das Bekenntnis einer so erdrückenden Mehrheit der Menschen dieses Planeten gerade zur Nation und zum Nationalstaat einem tieferen Bedürfnis. Einem Wunsch nach einer besonderen Art von kollektiver Identität. Die Stärke des Nationalstaats entspricht dabei der Stärke des Verlangens nach einem in größerem Maßstab übergreifenden gemeinschaftlichen »Wir«, das traditionelle Identitäten wie Familien, Stämme oder dynastische Loyalitäten überwindet. Zugleich aber subsumiert dieses Kollektiv eben auch religiöse, ideologische und kulturelle Unterscheidungen in einer Art nationalen Ökumene des *We the people* – wie es die amerikanische Unabhängigkeitserklärung postuliert.

Die allgegenwärtigen Kritiker der Nation erschauern beim Gedanken an die Schattenseiten dieser Loyalitäten. Sie erhoffen sich eine Verlagerung der identitären Zuordnung auf eine höhere oder

aber eine nachgeordnete Ebene – etwa durch ein Europa der Regionen oder das Ideal der Weltstaatlichkeit als Ausdruck einer Weltgesellschaft. Doch zu fragen ist: Warum sollen diese Kategorien
gemeinschaftlicher Identität grundsätzlich vorzuziehen sein? Für
die Freunde einer Europäischen Republik etwa sind Regionen moralisch integre Alternativen zur verrufenen Nation. Doch schon
ein nur kursorischer Blick zurück in die Geschichte Europas legt
den Schluss nahe, dass auch das vornationale Europa der regionalen Feudalstaaten – mithin die Keimzelle der nun so gepriesenen
Regionen – alles andere war als ein Ort des Friedens. Ganz abgesehen davon, dass sich auch die Regionen bei genauerer Betrachtung
oftmals eben gerade als Nationen begreifen – wie die aktuelle Entwicklung in Katalonien belegt.

Deutsche Einsichten und europäisches Befremden

In weiten Teilen beruht diese Diskussion zumindest in Deutschland auf einem Selbstverständnis, das historisch nur allzu ver-
ständlich und gerade für progressive Kreise in besonderem Maße
verpflichtend ist. Ist nicht Europafreundlichkeit eine essenzielle
Lehre aus der Katastrophe des Nationalsozialismus und übergrei-
fend sinnstiftendes Ziel der deutschen Geschichte? Und ist nicht
zugleich das Abschwören von der absoluten staatlichen Souveränität gerade in Deutschland das Entrébillet zurück in die zivili-
sierte Weltgemeinschaft? Wer möchte nach der Apokalypse des
deutschen *National*sozialismus und der mörderischen Hybris des
Dritten Reiches noch bei klarem Verstand an den Zutaten dieser
Giftmischung festhalten?

Das Vertrackte daran ist jedoch, dass gerade in dieser Diskussion eine spezifisch deutsche Dimension existiert. Und diese läuft
immer wieder Gefahr zu übersehen, dass die spezifisch deutsche
Sehnsucht nach nationaler Selbstüberwindung europaweit eben

nicht selbstverständlich ist. Sicher, der totale Krieg des Nationalsozialismus ist ohne den totalen Staat nicht denkbar. Doch zur
Wahrheit gehört auch, dass – zumindest aus europäischer Perspektive – gerade die Befreiung des Kontinents vom Geschwür des
Nationalsozialismus nur durch die Mobilisierung der Nationen ge-
lang. Die Strände der Normandie wurden ja eben nicht von Komi-
tees der Regionen erstürmt und auch nicht von kosmopolitischen
Brigaden der Weltgesellschaft, sondern von den Streitkräften der
demokratischen Nationalstaaten der Welt. Zum Sieg über den
Nationalsozialismus trugen auch die durchaus sehr patriotische
Résistance Frankreichs und vor allem die Rote Armee der Sowjetunion bei, wo dem Krieg gegen Nazi-Deutschland nicht zufällig
das Attribut »vaterländisch« verliehen wurde.

Letztendlich ist die deutsche Einsicht, dass alles, was mit Nation zu tun hat, von Übel sei, für viele Europäer doch etwas be-
fremdlich. Denn tatsächlich haben sich Nation und Nationalstaat
aus dänischer, norwegischer, polnischer, ungarischer und nieder-
ländischer Perspektive eben nicht als Aggressionsmittel erwiesen,
sondern als Schutzschild. Und zwar pikanterweise gegen Angriffs-
lust aus Deutschland. Selbst eine so kosmopolitische Beobachterin
wie Hannah Arendt wandte sich auch deshalb in ihrem Klassiker
The Origins of Totalitarianism bewusst gegen die Überwindung der
Nation. Gerade im Angesicht der *Shoa* kommt für Arendt die »ab-
strakte Nacktheit des Menschseins« ohne den rechtlichen Schutz
der nationalen Identität ungeschminkt zum Vorschein. Auch vor
diesem Hintergrund erscheint der wohlmeinende Versuch des in-
tellektuellen Nationalstaats-Exorzismus als geradezu bizarr, wenn
er sich so dogmatisch wie apodiktisch von Berlin ausgehend an die
Nationen richtet, die unter deutscher militärischer Dominanz am
meisten gelitten haben.[10]

Ähnlich zweischneidig erscheint der in progressiven Kreisen
der westlichen Welt zelebrierte Postnationalismus immer wieder
auch aus der Perspektive des globalen Südens. Aus europäischer
Perspektive mag man dazu neigen, die Epoche des Kolonialismus

und Imperialismus zu verdrängen, doch für viele Menschen im globalen Süden ist noch lange nicht vergessen, dass nationale Eigenständigkeit nur in langen und oft blutigen Kämpfen gegen imperialistische Kolonialmächte errungen werden konnte.

Besonders problematisch erscheint diese kritische Positionierung zum Nationalstaat aber nicht nur im Hinblick auf die Vergangenheit, sondern auch und gerade in Bezug auf die Zukunft. Denn die Funktion des Nationalstaats als relevante Handlungsebene gerade für die politische Linke erstreckt sich nicht nur auf dessen Schutzfunktion in historischen Ausnahmesituationen. Tatsächlich umgreift er ein viel breiteres Feld politischen Handelns – und dieses Feld ist der eigentliche Gegenstand dieses Zwischenrufs zum »Lob der Nation«.

Dieser Essay soll keine erschöpfende wissenschaftliche Abhandlung sein, sondern ein eher dialektisch zu verstehender Hinweis darauf, dass die zentralen Anliegen progressiver Politik zwar nicht ausschließlich durch den Nationalstaat, aber auf absehbare Zeit ganz sicher nicht ohne ihn realisiert werden können. Angesichts der allzu verbreiteten Rede vom Sündenfall der Nation soll daran erinnert werden, dass Demokratie, Partizipation, globale und lokale Gerechtigkeit sowie Solidarität und Integration in einer globalisierten Welt ohne den Nationalstaat als Forum progressiver Politik derzeit zwar denkbar, aber nicht realisierbar sind. Hierzu soll im Folgenden die zentrale Rolle des Nationalstaats herausgearbeitet werden, und zwar auf drei Ebenen:

(1) Migration, Solidarität und Integration: Solidarität ist ein Kernanliegen progressiver Politik. Praktizierte Solidarität ist nicht nur auf andere gerichtet, sie benötigt auch ein »Wir«, das sie trägt. Vor diesem Hintergrund stellt sich Migration auch als Herausforderung für den sozialen Wohlfahrtsstaat dar. Eine Politik, die sich nicht nur dem Erhalt, sondern auch der Stärkung von Solidarität und gesellschaftlicher Integration verpflichtet sieht, steht deshalb vor der Aufgabe, Migration und Sozialstaat in ein Gleichgewicht zu bringen. Vor diesem Hintergrund soll gezeigt werden, dass gerade

Nationalstaaten im Hinblick auf eine intelligente Migrations- und Integrationspolitik unersetzlich sind.

(2) Europa und die Demokratie: In Anbetracht der Struktur der Europäischen Union erweist sich die Symbiose von Demokratie und Nationalstaat als entscheidend. Demokratie bedarf eines *Demos,* einer klar definierten demokratischen Körperschaft. Historisch und theoretisch ist das Ideal der Volksherrschaft untrennbar mit der Entwicklung des Nationalstaats in einem klar definierten Territorium verbunden. Es ist auch genau dieser Rahmen, in dem linke Politik geschichtlich angetreten ist, um Widerstand und Solidarität gegen die Interessen des Kapitals zu organisieren und demokratische Mitbestimmung einzufordern. Vor diesem Hintergrund soll erörtert werden, inwiefern die derzeit praktizierten Prinzipien des europäischen Einigungsprozesses und der Euro-Rettung demokratische Grundsätze nicht stärken, sondern ihnen bisweilen zuwiderlaufen. Auf die Defizite des real existierenden europäischen Projekts aber kann nicht lediglich mit wohlfeilen Rufen nach kosmetischen Korrekturen oder nach »mehr Demokratie auf europäischer Ebene« reagiert werden. Zu fragen ist vielmehr, ob ein Mehr an Demokratie zur Sicherung der europäischen Errungenschaften nicht am ehesten durch ein Mehr an Nationalstaatlichkeit zu erreichen ist.

(3) Globale Politik und der Nationalstaat: Auf globaler Ebene soll gezeigt werden, dass auch weltweite Sicherheit auf das Engste mit dem Nationalstaat verknüpft ist. Es ist aufschlussreich, dass die globale Ordnung derzeit nicht dort erschüttert wird, wo ein Zuviel, sondern da, wo zu wenig Staatlichkeit zu politischen, sozialen und menschlichen Katastrophen führt. Ist eine handlungsfähige Weltgemeinschaft daher nicht eher durch eine Stärkung der Nationalstaatlichkeit zu erreichen als durch deren Überwindung? Doch auch ökonomische Gründe lassen sich für den Nationalstaat anführen: Ist die politische Einhegung eines zunehmend entgrenzten Kapitalismus und nachhaltige ökonomische Entwicklung tatsächlich ohne Staatlichkeit zu erreichen?

Wenn im Folgenden von »Nation« und »Nationalstaat« die Rede ist, so sei durchaus eingeräumt, dass das schwierige, ambivalente und natürlich auch nicht deckungsgleiche Begriffe sind. Was ist eine Nation überhaupt? Auf was für einem Staatsverständnis soll der zu preisende Nationalstaat beruhen? Und in welchem Verhältnis stehen beide zueinander? Solche definitorischen Fragen können im Rahmen eines solchen Zwischenrufs natürlich nicht erschöpfend behandelt oder gar gelöst werden – die Politikwissenschaft ringt seit Jahrzehnten mit ihnen. Nationalstaat und Nation werden als sich gegenseitig bedingende Konzepte begriffen, die menschliche Identitätsbedürfnisse in einer Wechselbeziehung ansprechen, dabei jedoch in ihren globalen Ausprägungen eine enorme Bandbreite abdecken. Teils beziehen sich die hier vorgetragenen Argumente stärker auf die Institution Staat und streifen die Idee einer Nation nur am Rande, teils, etwa bei der Erörterung dessen, was eine weltoffene Nation als Grundlage staatlicher Solidarität und Integration ausmacht, kommt die Idee einer progressiven und nicht ethnisch begriffenen Nation, die dem Staat gewissermaßen »eine Gestalt« gibt, stärker zum Tragen.[11]

Der Argumentation zugrunde liegt dabei auch die Überzeugung, dass ein Plädoyer für Nationalstaat und Nation als Träger und Betätigungsfeld progressiver Politik gerade *kein* Anbiedern an den vermeintlich nationalistischen Zeitgeist ist. Im Gegenteil – es handelt sich um eine Wiederentdeckung zeitweise vernachlässigter Überzeugungen. Es geht eben gerade nicht darum, emanzipatorische Ziele über Bord zu werfen, sondern um die Rehabilitierung einer Idee, die auf das Engste mit Vorstellungen gerade der politischen Linken verbunden ist. In ihrem Bemühen, die europäische Integration belastbar und zukunftsfest zu machen, sollten gerade progressive Kräfte den Nationalstaat eben nicht bekämpfen oder ignorieren, sondern ihn als tragendes Element eines geeinten Kontinents akzeptieren und fortschrittlich gestalten. Denn eine Linke, die die Idee der Nationalstaatlichkeit dem politischen Gegner rechts außen überlässt, beschädigt nicht nur die Idee einer progressiven und weltoffenen Nation, sondern auch die Ideale von Gerechtigkeit, Solidarität und Partizipation und damit letztlich sich selbst.

1   Peter Glotz: *Der Irrweg des Nationalstaats. Europäische Reden an ein deutsches Publikum*. Stuttgart 1990.

2   Benedict Anderson: *Imagined Communities. Reflections on the Origin and Spread of Nationalism*. Verso, London 1983.

3   Karl W. Deutsch: *Der Nationalismus und seine Alternativen*. München 1972, S. 9.

4   Karl Marx und Friedrich Engels: *Die deutsche Ideologie*. Neuausgabe, Berlin 2016.

5   Robert Menasse: *Der Europäische Landbote. Die Wut der Bürger und der Friede Europas*. Zsolnay Verlag, Wien 2012.

6   Ulrike Guérot: *Warum Europa eine Republik werden muss!* Dietz, Bonn 2016.

7   Wolfgang Streeck: *Nicht ohne meine Identität? Die Zukunft der Nationalstaaten*. SWR2 Manuskript, 29. Oktober 2017. https://www.swr.de/-/id=20298024/property=download/nid=660374/geuyws/swr2-wissen-20171029.pdf

8   Sechste Welle des *World Values Survey* 2010–2014. www.worldvaluessurvey.org

9   YouGov-Umfrage März 2017 für das *Handelsblatt*. http://bit.ly/2DaMLFW

10   Hannah Arendt: *The Origins of Totalitarianism*. New York 1951.

11   Ben Möbius: *Die liberale Nation. Deutschland zwischen nationaler Identität und multikultureller Gesellschaft*. Leske & Budrich, 2003, S. 38.

2 Migration, Solidarität und Integration

Wir leben in einem Zeitalter der Migration. Laut Statistiken der Vereinten Nationen lebten im zurückliegenden Jahr 258 Millionen Menschen außerhalb ihres Geburtslandes – das ist ein Anstieg von 49 % seit der Jahrtausendwende.[1] Auch Fluchtbewegungen nehmen weltweit zu. So zählte die Internationale Organisation für Migration (IOM) Ende des Jahres 2016 65,6 Millionen Menschen auf der Flucht vor Verfolgung, Krieg, Gewalt und Menschenrechtsverletzungen – eine Verdoppelung im Vergleich zu 1997.[2] Und das Bundesamt für Migration und Flüchtlinge (BAMF) registrierte 2017 mehr als 220.000 Asylanträge in Deutschland – ein Wert, der seit 1953 nur fünfmal übertroffen wurde.

Nicht nur aktuelle Krisen, sondern auch Trends der Bevölkerungsentwicklung dürften Migrationsbewegungen langfristig verstärken: Projektionen gehen davon aus, dass sich die Bevölkerung allein des afrikanischen Kontinents bis zum Jahre 2050 verdoppeln könnte. Die Herausforderung Migration, das machen diese Daten deutlich, ist strukturell und erfordert eine ebenso strukturelle politische Antwort.

Für die Politik aber bündeln sich im Themenkomplex Migration wie in einem Brennglas Probleme der Globalisierung, der Konsensfindung, der Verantwortlichkeit sowie Fragen nach den Bedingungen, Möglichkeiten und Grenzen gesellschaftlicher Solidarität. Zugleich ist Migrationspolitik eng mit Konzepten von Identität verknüpft – was ihre Bearbeitung nicht gerade erleichtert. Denn im Hintergrund steht nicht nur die Wahrnehmung des »Anderen«, sondern auch die des eigenen politischen »Wir«. Zu fragen ist dabei insbesondere, welche Rolle der Staat in dieser Gemengelage übernehmen kann und muss. Sind nationale und internationale Solidarität ohne die Nationalstaaten organisierbar? Kann gesellschaftliche Integration ohne sie gelingen?

Zunächst muss konstatiert werden, dass starke Migrationsbewegungen gerade für etablierte Wohlfahrtsstaaten problematisch sind. Ungebremste Migration stellt wichtige Grundvoraussetzungen nationaler Solidarität infrage, zugleich aber verlangt gerade internationale Solidarität nach mehr als dem pauschalen Ruf nach Grenzschließungen. Vor dem Hintergrund dieses Dilemmas wäre zu fragen, ob nicht doch Nationalstaaten für eine intelligente Migrations- und Integrationspolitik unentbehrlich sind. Ist es nicht so, dass gelingende Integration, die effektive politische Steuerung von Migrationsbewegungen und praktizierte gesellschaftliche und internationale Solidarität ohne den Nationalstaat als handlungsfähigem Akteur undenkbar sind?

Gerade angesichts der Bedeutung migrationspolitischer Aspekte für viele Wählerinnen und Wähler stellen sich diese Fragen für progressive Akteure mit besonderer Dringlichkeit. Schließlich ist spätestens seit der Wahl Donald Trumps offensichtlich, dass Migrationsfragen wahlentscheidend sind. Bekanntlich war der Trump-Sieg auf das Engste mit dem Versprechen verbunden, sich der Herausforderung der Migration in die USA durch Errichtung einer »großen, schönen Mauer« an der mexikanischen Grenze anzunehmen.

Doch die Trump-Wahl war nicht der einzige Fall, in dem Wählerinnen und Wähler westlicher Industriestaaten ihre Entscheidung in größerem Umfang von der Migrationsfrage abhängig machten. In einer Untersuchung der Friedrich-Ebert-Stiftung aus dem Jahr 2017 wurde vielmehr deutlich, dass in zehn von zwölf zurückliegenden Wahlen in Europa der Wahlkampf maßgeblich von der Auseinandersetzung um Migrationsfragen geprägt war – wobei die Debatte mancherorts bezeichnenderweise auch dann heftig geführt wurde, wenn es dort – wie in einigen ost(mittel)europäischen Ländern – real existierende Migranten oder Flüchtlinge kaum gibt.[3]

Eine klare Sprache spricht auch die Meinungsforschung: So verweist das von der Europäischen Kommission in Auftrag gegebene *Eurobarometer* seit 2015 darauf, dass das Themenfeld Migration von einem erheblichen Teil der europäischen Öffentlichkeit als größte Herausforderung der Politik auf europäischer Ebene wahrgenommen wird.[4] Zugleich belegen Umfragen, dass in einer Vielzahl von Mitgliedsstaaten Migration auch auf nationaler Ebene als vordringlichstes politisches Problem betrachtet wird. Besonders deutlich ausgeprägt ist diese Wahrnehmung in Deutschland. Hier zeigen aktuelle Untersuchungen, dass das Thema Zuwanderung für eine Mehrheit der Bundesbürger nach wie vor auf der politischen Tagesordnung ganz oben steht.

Angesichts dieser Relevanz des Themas überrascht es nicht, dass die Auseinandersetzung um Migration in den vergangenen Jahren zu einer starken gesellschaftlichen Polarisierung geführt hat – nicht so sehr zwischen den etablierten Parteien, sondern eher zwischen der Politik und Teilen der Gesellschaft. In der öffentlichen Auseinandersetzung kam es insbesondere in Deutschland zu einer Frontstellung von miteinander weitgehend unvereinbaren Extrempositionen, wobei sich die Anhänger beider Seiten jeweils als aufrechte Verteidiger einer unbequemen Wahrheit verstanden: Hier die aufgeklärten Fürsprecher des Anstandes gegen Ressentiments und Hass, dort selbst ernannte Kämpfer gegen vermeintliche Denk- und Sprechverbote. Die Folge jedoch war keine produktive Debatte, sondern ein Aufsplittern in weitgehend voneinander getrennte Diskurse – meist abseits etablierter politischer Kanäle.

Beide Seiten verwendeten dabei ein ganzes Arsenal von Argumenten, die jeweils die positiven beziehungsweise die negativen Konsequenzen von Migration betonten. Im Sommer und Herbst des Jahres 2015 etwa verging kaum eine Woche ohne Wortmeldungen deutscher Wirtschaftsforschungsinstitute, die im Flüchtlingszuzug in erster Linie ökonomische Chancen erkannten. Immer wieder schalteten sich auch die Chefs deutscher Großunternehmen in die Debatte ein und verkündeten, die nach Deutschland ziehenden Menschen entsprächen genau dem Anforderungsprofil der Arbeitgeber. Grundsätzlich positiv positionierten sich auch die Gewerkschaften – trotz Befürchtungen, der Zuzug eher gering qualifizierter Arbeitnehmer könne den Mindestlohn unterlaufen.

Auch demografische Argumente wurden angeführt: Vor dem Hintergrund des seit Jahrzehnten anhaltenden Bevölkerungsrückgangs in der Bundesrepublik sollten die ankommenden Flüchtlinge in dieser Sichtweise den für die Aufrechterhaltung wirtschaftlicher Stärke demografisch notwendigen Bestand des Landes sichern. So bezeichnete Henrik Müller, ehemaliger stellvertretender Chefredakteur des *Manager Magazins,* die Zuwanderungswelle demografisch, aber auch kulturell als »unverhofften Segen für Deutschland«.[5] Mittlerweile haben sich in diesem Bereich vielerorts differenziertere Betrachtungsweisen durchgesetzt, die sowohl mögliche langfristige Vorteile als auch unmittelbare Herausforderungen zur Kenntnis nehmen. Aber das Argument der positiven demografischen Migrationsbilanz spielt in der öffentlichen Debatte nach wie vor eine gewichtige Rolle.

Neben diesen Argumentationsmustern prägen gerade bei der politischen Linken Stimmen die Debatte, die die positiven Effekte auf soziokultureller Ebene betonen. Bezeichnend hierfür war nicht zuletzt Katrin Göring-Eckardts Bekenntnis vom November 2015, sie freue sich auf ein »drastisch« verändertes, buntes Land. Auch weite Teile der deutschen Medien sahen die Entwicklung des Jahres 2015 überwiegend positiv. So zeigt eine von der Otto-Brenner-Stiftung durchgeführte Studie, dass die Mehrzahl deutscher Medien »nicht nur positiv, sondern geradezu werbend« über Aspekte der »Willkommenskultur« berichtete.[6]

Bekanntlich jedoch war dies nur die eine, die migrationsbejahende Seite der Medaille. Denn parallel dazu kam es in den sozialen Netzwerken zu einem bis dato ungekannten Sittenverfall, der sich in Beschimpfungen und hasserfüllten Statements gegenüber etablierter Politik, Flüchtlingen und Flüchtlingsaktivisten äußerte – vom kontinuierlichen Aufstieg der rechtspopulistischen *Alternative für Deutschland* (AfD) im Verlauf der Flüchtlingskrise ganz zu schweigen. Auch rechte Gewalt erreichte völlig neue Dimensionen. Das Bundeskriminalamt zählte 2015 nicht weniger als 924 Straftaten gegen Flüchtlingsunterkünfte – mehr als viermal so viele wie im Vorjahr. Im Jahr 2016 verbuchte das Bundeskriminalamt insgesamt 970 Straftaten gegen Flüchtlingsunterkünfte sowie 2396 Straftaten gegen Flüchtlinge außerhalb der Unterkünfte.[7]

Diese gesellschaftliche Polarisierung, die im Jahr 2015 ihren vorläufigen Höhepunkt erfuhr, besteht nach wie vor. Allerdings haben sich die Positionierungen der Parteien und auch die Politik der Bundesregierung sehr wohl verändert – man denke an das EU-Türkei-Abkommen und die versuchte Ausweitung des Geltungsbereichs sicherer Drittstaaten. In den Parteien ist derzeit, zwei, drei Jahre nach den Ereignissen vom Spätsommer 2015, ein politischer Konsens der Mitte im Entstehen, der rhetorisch zumindest eine größere »Steuerung« der Migration als für den Staat erstrebenswert erachtet – wie ein Blick auf aktuelle programmatische Äußerungen belegt. So fordern etwa die Sozialdemokraten ein Einwanderungsgesetz, mit dem man den »Zuzug qualifizierter Arbeitskräfte nach Deutschland besser steuern könne«. Bezogen auf Flüchtlingspolitik sprechen auch die Grünen von »einer Daueraufgabe«, die »wir steuern und gestalten müssen«. Ähnlich die CDU mit ihrem Versprechen, »die Migration besser steuern und vor allem abgelehnte Asylbewerber zügig zurückführen« zu wollen, was wiederum an den Ansatz der FDP erinnert, »die Asyl-, Flüchtlings- und Einwanderungspolitik neu zu ordnen«. Und die Partei *Die Linke* zeigt sich zunehmend gespalten zwischen einem *No-Border*-Flügel und einer Strömung, die eine stärkere Beschränkung der Migration fordert. Doch auch sie plädiert für einen neuen »Rahmen für Einwanderung in die EU«.

Erkennbar ist in all diesen Vorschlägen das Bemühen, eine Situation wie im Jahr 2015 zu verhindern, sich jedoch zugleich von offen migrationsbegrenzenden Forderungen der CSU und der AfD zu distanzieren. Dem aktuellen CSU-Programm zufolge müsse der »dramatische Anstieg der Asyl- und Flüchtlingsströme gebremst werden«, während die AfD gleich unumwunden eine Grenzschlie-ßung fordert, »um die ungeregelte massenhafte Zuwanderung überwiegend beruflich Unqualifizierter in unser Land und seine Sozialsysteme sofort zu beenden«.

Der Versuch, einen Politikwechsel in der Migrationspolitik anzumahnen, ohne dabei auf das vermeintliche Vokabular der Rechten zurückzugreifen, ist hierbei an vielen Stellen taktisch nachvollziehbar. Umgesetzt wird derzeit eine Politik der indirek-ten Begrenzung der Einwanderung, die rhetorisch und praktisch jedoch an weitgehender Offenheit festhält – wie aktuelle Zuwan-derungszahlen belegen. Ob das ausreichen wird, um die von Wolf-gang Merkel und anderen konstatierte »Repräsentationslücke« in der öffentlichen Auseinandersetzung um das Thema Migration zu schließen, ist fraglich – auch weil sich diese Vorgehensweise nicht eben durch Aufrichtigkeit auszeichnet.[8]

Problematisch erweist sich dabei nicht zuletzt, dass gerade in progressiven Kreisen heute kaum ein Diskussionsbeitrag ohne den Hinweis auf die Unausweichlichkeit weltweiter Migrations-bewegungen auskommt, die von den Staaten als quasi natür-liche Phänomene hinzunehmen seien. So hält etwa die britische Tageszeitung *The Guardian* »ein geordnetes System der Massen-einwanderung« für zwingend, denn es gebe nicht nur »keine schnelle Lösung, sondern überhaupt keine Lösung« für den an-haltenden Migrationsdruck nach Europa.[9] Diese Wahrnehmung ist auch auf europäischer Ebene verbreitet. Bezeichnend hierfür ist nicht zuletzt die Aussage des amtierenden EU-Kommissars für Migration, Dimitris Avramopoulos, der seine Politik in einem Gastbeitrag für die Zeitung *Politico* im Dezember 2017 wie folgt zusammenfasste: »Es ist Zeit, der Wahrheit ins Auge zu sehen: Wir schaffen es nicht und werden niemals in der Lage sein, Migration zu stoppen. Am Ende des Tages müssen wir alle dazu bereit sein,

Migration, Mobilität und Diversität als die neue Norm zu akzeptieren und unsere Politik entsprechend auszurichten.«[10]

Derlei apodiktische Absagen an die Gestaltungsfähigkeit von Politik erstaunen in ihrer Absolutheit. Gerade für progressive Kräfte ist das verblüffend, denn ausgerechnet diejenigen Akteure, die ansonsten die Steuerungsmöglichkeiten von Politik legitimerweise betonen, verschreiben sich beim Thema Migration einer »There is no Alternative«-Perspektive. Dabei wiederholen die Progressiven eben die Fehler, die sie beim Versuch der Einhegung der Globalisierung und im Verhältnis zum Turbo-Kapitalismus des 21. Jahrhundert auf anderer Ebene begangen haben und die sie erst seit Kurzem als solche erkennen und infrage stellen (wie in Kapitel 4 noch erörtert wird). Globale Finanz- und Handelsströme, Klimawandel, Energiepolitik, Genderpolitik, Digitalisierung, politische Diskurse, ja die Sprache selbst: In jedem Feld traut sich die Linke eine Gestaltung nicht nur zu, sondern fordert sie auch ein, und zwar zu Recht. Mit einer Ausnahme: Beim Thema Migration herrscht Defätismus. Hier lautet zumindest der offiziell verkündete Konsens: An dem »Ob« ist nicht zu rütteln, lediglich das »Wie« ist in Nuancen »steuerbar«. Zu fragen ist aber doch, weshalb sich die ansonsten so optimistischen Protagonisten des »Yes, we can!« gerade bei diesem zentralen Thema nicht mehr zutrauen?

Tatsächlich stellt sich angesichts des eingangs skizzierten strukturellen Migrationsdrucks jedoch die Frage, ob nicht nur eine »Steuerung« von Migration erforderlich ist, zu der sich progressive Parteien nunmehr durchgerungen haben, sondern auch eine Begrenzung. Schließlich wäre eine Steuerung ohne Begrenzung kein Kontroll-, sondern lediglich ein Informationszugewinn. In diesem Sinne geht die im Februar 2018 im Koalitionsvertragsentwurf festgehaltene Regelung prinzipiell in die richtige Richtung.

Eine politische Linke, die sich um eine klare Aussage zur Begrenzung von Migration bei gleichzeitiger humanitärer Großzügigkeit herumdrückt oder diese Position dem politischen Gegner überlässt, erweist nicht nur dem eigenen politischen Lager einen

Bärendienst. Sie gefährdet auch zwei traditionelle Kernanliegen progressiver Kräfte, deren Realisierbarkeit eng damit zusammenhängt, inwieweit Migration nicht nur gesteuert, sondern auch begrenzt wird. Gemeint sind der Wohlfahrtsstaat mit seiner Praxis gesellschaftlicher Solidarität sowie das Bestreben, gesellschaftliche Integration politisch zu gestalten. Dafür braucht es nicht nur progressive politische Kräfte, sondern auch den Nationalstaat – nur in ihm und durch ihn sind diese beiden Ziele langfristig zu realisieren.

Weshalb? Weil in historischer Perspektive und in der politischen Gegenwart Solidarität durch Einkommensumverteilung ein institutionelles Zuhause hat, und zwar in Gestalt des durch Steuern und Sozialabgaben finanzierten nationalen Wohlfahrtsstaats. Dieser ist nicht zuletzt *die* historische Trophäe der Sozialdemokratie, die die Einführung von sozialen Sicherungssystemen zur Einhegung des frei zirkulierenden Kapitals zu ihrem Kernanliegen gemacht hat. Ungebremste globale Migration würde nicht nur vor allem Kapitalbesitzern zugutekommen, Lohnniveaus absenken und Ungleichheit verstärken, sondern auch die gesellschaftlichen Voraussetzungen eines jeden Wohlfahrtstaats unterhöhlen.

Nationalstaat und Solidarität

Der in Oxford lehrende Migrationsforscher Paul Collier erinnert zu Recht daran, dass auch in Zeiten von Globalisierung und Europäisierung der Nationalstaat die zentrale Plattform sozial gerechter Umverteilung bleibt. Während auf europäischer Ebene weit weniger als 1 % des Bruttoinlandsprodukts (BIP) einem Verteilungsmechanismus zwischen Mitgliedsstaaten unterzogen wird, liegt dieser Anteil auf globaler Ebene noch weit darunter. Sogar das auf den ersten Blick wenig ambitionierte Ziel, 0,7 % des BIP in Form von Entwicklungshilfe als eine Art globaler Umverteilung zur Verfügung zu stellen, bleibt in den meisten Fällen unerreicht.[11] Aller

Rhetorik zum Trotz hat sich bislang nur eine Minderheit westlicher Industriestaaten dazu durchgerungen, einen substanziellen Teil ihres Wohlstands für solidarische Verpflichtungen jenseits des Nationalstaats zur Verfügung zu stellen – in der Bundesrepublik Deutschland beträgt die aktuelle Quote 0,52 % des BIP. Auch dem Nationalstaat nachgeordnete Institutionen, wie Gemeinden, Landkreise, Bundesländer, können mit dem auf nationalstaatlicher Ebene praktizierten Umverteilungsniveau nicht mithalten. Eine Einkommensteuer mit einem Spitzensatz von 42 % wie in Deutschland ist in Industriestaaten gesellschaftlich weitgehend akzeptiert. Selbst die in Familien praktizierte formlose Umverteilung und Unterstützung von Angehörigen bleibt in der Regel vom Umfang her weit hinter diesem Verteilungsniveau auf staatlicher Ebene zurück.

Sicher ist die Haupttriebkraft dieser innerstaatlichen Solidarität eher Routine als das aufgeklärte Verständnis der Steuerzahler. Doch im Kern beruht auch die staatlich verordnete Umverteilung auf der Bereitschaft der Staatsbürger, sich der Solidaritätsverpflichtung trotz des konstruierten Charakters der nationalen Gemeinschaft nicht zu entziehen. Und auf hartnäckige Solidaritätsverweigerer wartet – ebenfalls sozial breit akzeptiert – die Steuerfahndung. Nicht von ungefähr scheitert eine größere Umverteilung auf europäischer Ebene, wie Jürgen Habermas vermerkt, »solange nicht Portugiesen und Deutsche, Österreicher und Griechen bereit sind, sich gegenseitig als Bürger desselben politischen Gemeinwesens anzuerkennen«.[12] Der britische Publizist David Goodhart spricht hier überzeugend vom »janusköpfigen Charakter des Nationalismus«, der zwar historisch für Chauvinismus, Ausgrenzung und Gewalt verantwortlich zeichnet, aber eben auch »ausgedehnte Netzwerke der Solidarität über lokale Gemeinschaften hinaus« ermöglicht.[13]

Einen Hinweis darauf, dass diese nationalstaatlich organisierte Umverteilung tatsächlich auch auf einem empfundenen nationalen solidarischen »Wir« beruht, liefert der Vergleich mit dem Wohlfahrtsniveau traditioneller Einwanderungsländer. Obwohl die Entwicklung sozialstaatlicher Solidarität stets von einer Vielzahl historischer Faktoren abhängt, zeigt die empirische Forschung, dass der Ausbau wohlfahrtsstaatlicher Strukturen durchaus auch von der wahrgenommenen Heterogenität der betroffenen Gesellschaft abhängig ist. So verweist eine Untersuchung des *Harvard Institute of Economic Research* darauf, dass das Fehlen eines europäischen Wohlfahrtsstaats in den USA eben auch auf ausgeprägtere gesellschaftliche Unterschiede und die Überrepräsentation von Minderheiten in ärmeren Bevölkerungsschichten zurückzuführen ist. Heterogenität erweist sich dabei als nur schwer zu überwindendes Hindernis für umfassendere Umverteilung.[14]

Diese Ergebnisse decken sich weitgehend mit denen anderer Untersuchungen, die zumindest einen »begrenzten negativen Effekt ethnischer Heterogenität auf die Fähigkeit des Wohlfahrtsstaats, seine Legitimität aufrechtzuerhalten«, feststellen – diesen aber für stärker gestaltbar halten.[15] Man mag es bedauern, doch die Wirklichkeit verweist relativ eindeutig auf die Grenzen langfristiger menschlicher Solidarität jenseits staatlich organisierter Gemeinschaften. Diese Erkenntnis bedeutet keinen Abgesang auf globale Verantwortlichkeit, aber erinnert nachdrücklich an die nationalstaatliche Basis organisierter Solidarität. Sicher gibt es Nationalstaaten, die keine Sozialstaaten sind, aber es finden sich keine Sozialstaaten, die nicht auch als Nationalstaaten konzipiert sind.

Als Ursache dieses negativen Zusammenhangs zwischen stärkerer Offenheit für Einwanderung und der Bereitschaft zu solidarischer Umverteilung gilt gemeinhin das reduzierte Vertrauensniveau zwischen Individuen in stark heterogenen Gesellschaften. Hier verweist der amerikanische Soziologe und Politikwissenschaftler Robert Putnam auf das »soziale Kapital« und den negativen Einfluss stärkerer Einwanderung auf gesellschaftliche Vertrauensniveaus. Massive Einwanderung in eine Solidargemeinschaft schwäche hierbei nicht nur, was zu erwarten wäre, das Ausmaß des Vertrauens zwischen gesellschaftlichen Untergruppen, sondern auch innerhalb gesellschaftlicher Gruppen selbst. Im Resultat stelle Diversität eine »real existierende Herausforderung für soziale Solidarität dar«.[16]

Angewandt auf das Konzept des Nationalstaats legen diese Befunde den Schluss nahe, dass eine umfassende Überwindung nationaler Identität im Resultat einer schleichenden Entsolidarisierung den Weg bereiten könnte. Weitgehend unbegrenzte Einwanderung erscheint aus sozialstaatlicher Sicht also nicht deswegen als problematisch, weil die einwandernden Menschen die etablierten Sozialsysteme ausnützen würden. Diese in rechtspopulistischen Kreisen gern aufgestellte These ist mittlerweile ebenso oft widerlegt wie überstürzt in den politischen Raum geworfen worden. Zuletzt verwies eine Studie des Forschungsinstituts der Bundesagentur für Arbeit aus dem Januar 2018 auf den nur begrenzten Einfluss, den Sozialleistungen als migrationspolitische *Pull*-Faktoren ausüben.[17] Unbegrenzte Einwanderung sollte vielmehr aus sehr viel indirekteren, aber gleichzeitig strukturell langfristig wirksameren Gründen gerade von progressiven Befürwortern einer sozialstaatlichen Umverteilung kritisch gesehen werden: weil dadurch nachhaltige gesellschaftliche Solidarität unterminiert wird. Doch noch ein zweiter Grund sollte fortschrittlichen Kräften eine Begrenzung von Einwanderung als politisch sinnvoll erscheinen lassen: nämlich das ursozialdemokratische Anliegen gesellschaftlicher Integration.

Integration und Nationalstaat

Sunder Katwala, ehemaliger Generalsekretär der *Fabian Society,* mag übertreiben, wenn er postuliert, »Immigration ohne Integration ist nutzlos«[18]. Doch aus progressiver Sicht hat er nicht ganz unrecht. Von einer traditionell neoliberalen Warte aus betrachtet ist gesellschaftliche Integration bestenfalls eine Herausforderung zweiter Ordnung. Über die wirtschaftliche Integration auf dem freien Markt hinaus ist es in dieser Perspektive schlicht nicht notwendig, Integration auch gesellschaftlich als Herausforderung anzugehen. Auf dem freien Markt der Individuen, wo, mit Margaret Thatcher gesprochen, »so etwas wie Gesellschaft nicht existiert«, regelt der Markt das Notwendige.

Progressive Gesellschaftsentwürfe, denen jedoch demokratische Partizipation zugrunde liegen soll, kommen um die Einsicht nicht herum, dass Integration nur in und über ein ausbuchstabiertes »Wir« gelingen kann, das eben nicht auf planetarischer Ebene verortet wird. Hierfür dürfte sich ein nicht auf ethnische Ausgrenzung, sondern auf Teilhabe ausgerichtetes und positiv besetztes Narrativ der Nation als äußerst hilfreich erweisen. Integration ist letztlich nicht auf die Überwindung einer nationalen Erzählung angewiesen, sondern auf das Erstellen überzeugender Identitätsangebote auf staatlicher Ebene. Diese sollte Unterschiede zwar nicht nivellieren, aber doch Gemeinsamkeiten unterstreichen. Deshalb gelingt Integration zumindest in traditionellen Nichteinwanderungsländern eben gerade nicht über Anerkennungsrhetorik. Hier verweist der britische Publizist Kenan Malik auf die Problematik, dass gerade die in europäischen Ländern praktizierte Politik des Multikulturalismus und der Anerkennung von Differenzen Integration eben nicht ermöglichen, sondern durch das Zementieren von Unterschieden erschweren könnte. Die »Wahrheit des Multikulturalismus« in seiner europäischen Ausprägung habe zu »fragmentierten Gesellschaften, entfremdeten Minderheiten und empörten Einheimischen« geführt. In der Konsequenz habe sich der Multikulturalismus als ebenso schädlich erwiesen wie ein pauschaler »Assimilationismus«. Denn beide Ansätze hätten »Minderheiten von der etablierten Gesellschaft entfernt«. Ein Lösungsweg besteht für Malik darin, »universelle Werte neu und progressiv wiederzuentdecken«.[19] Wie aber ist das zu schaffen, ohne sich auf die schiefe Ebene einer missverständlichen und fatalen, staatlich verordneten gesellschaftlichen Homogenisierung zu begeben?

In sich progressiv wähnenden Kreisen kommt derzeit kaum ein Beitrag zum Thema »nationale Leitkultur« ohne vorangestellte Distanzierung aus. Die Debatte darüber wird als unsinnig abqualifiziert, der Begriff selber gilt als höchst problematisch. Leitkultur? Undefinierbar, spaltend, schädlich, wenn nicht gar verfassungsfeindlich. Teils ist das ein Reflex. In dem Maße, in dem »Leitkultur« von der Rechten zum Gegenentwurf von Multikulturalismus aufgebaut wurde – angefangen bei Friedrich Merz bis hin zum Parteiprogramm der AfD –, distanzieren sich progressive Kräfte davon. Natürlich haben die Kritiker recht mit ihrer Skepsis gegenüber einer einheitlichen deutschen Kultur. Aber was ist schon einheitlich? Und kaum jemand wird dem SPD-Politiker Thomas Oppermann widersprechen, wenn dieser eine Leitkultur zurückweist, weil der Staat der Bevölkerung in Bezug auf »religiösen Glauben, politische Meinung oder sexuelle Präferenz nichts vorzuschreiben« habe.[20] Recht so! Wir brauchen keine kulturelle Homogenisierung per Dekret.

Doch sind das wirklich die Fragen, um die es einem Großteil der stillen Leitkultur-Anhänger geht? Oder wird hier nicht in einem politisch-normativen Elitendiskurs ein alltagsbezogen-rationaler Anspruch von Bürgerinnen und Bürgern, der in den meisten Fällen alles andere als chauvinistisch ist, grob vereinfacht? Denn so groß das Unbehagen mancher Progressiven in Bezug auf »Etabliertenvorrechte« und Assimilationsforderungen an Einwanderer ist, so anders ist doch die Mehrheitsmeinung der deutschen Bevölkerung zum Thema. Diese nämlich begreift »Leitkultur« eben nicht, wie Kian Niroomand im *Tagesspiegel* meint, als »rechtsnationale Begrifflichkeit«, sondern als selbstverständlich.[21] Laut einer aktuellen Umfrage von YouGov äußern gerade einmal 25 % der Bundesbürger grundsätzliche Vorbehalte gegen eine »Leitkultur«.[22] Eine Insa-Untersuchung aus dem Jahr 2014 wartet mit noch deutlicheren Zahlen auf: Ihr zufolge erwarten 90 % der Befragten von nach Deutschland kommenden Ausländern eine Anpassung an die »hier übliche Leitkultur«. (Die Quote sinkt übrigens gerade einmal um 1 %, wenn ausschließlich die SPD-Wählerschaft in den Blick genommen wird.)[23] Zu ganz ähnlichen Ergebnissen gelangen Meinungsinstitute, wenn Deutsche mit Migrationshintergrund befragt werden: Auch hier erwartet eine Mehrheit von 83 % – so eine Umfrage der Konrad-Adenauer-Stiftung aus dem Jahr 2016 – eine »Anpassung an deutsche Kultur«.[24]

Phantasieren all diese Menschen nun wirklich davon, Einwanderern ihre »religiösen, politischen oder sexuellen Präferenzen« vorzuschreiben? Dann wäre ihre Position tatsächlich nicht nur zurückzuweisen, sondern auch absurd. Vielleicht geht es den 90 % bei aller Schwierigkeit mit dem Begriff »Leitkultur« aber eher um etwas anderes: Zum Beispiel darum, die Herausforderung der Migration auch durch ein Maß an gesellschaftlicher Anpassung der Neueinwanderer an ein gesellschaftliches »Wir« zu gestalten, das eben nicht von den Grundrechteparagraphen des Grundgesetzes abgedeckt wird. Denn so verdienstvoll die deutsche Verfassung auch ist: Als Richtschnur für die Bewältigung von migrationsbezogenen Alltagsproblemen dürften sich die Grundrechteartikel in etwa so gut eignen wie ein Kompass als Navigationshilfe im Straßenverkehr. Mit Recht verwies der Verfassungsrichter Ernst-Wolfgang Böckenförde schon 1976 darauf, dass »der freiheitlich säkularisierte Staat von Voraussetzungen lebt, die er nicht selbst garantieren kann«[25]. Um diese Voraussetzungen aber geht es. Nicht im Sinne eines abzuarbeitenden Kriterienkatalogs, sondern gemeint als Anpassung an zentrale Werte und Gepflogenheiten, die für einen gesellschaftlichen Umgang auf Augenhöhe erforderlich sind. Dabei ist selbstverständlich, dass eine solche Anpassungsleistung im Gegenzug *auch* auf der Anerkennung der Unterschiedlichkeit der Neubürger durch die Mehrheitsgesellschaft beruht. Und noch wichtiger: Diese Anpassung muss auch eine greifbare sozioökonomische Anpassungsdividende mit sich bringen, die eben nicht durch Diskriminierung ausgebremst werden darf.

Der amerikanische Sozialpsychologe Jonathan Haidt hat hierzu einige Einsichten formuliert, die sich in der Empfehlung bündeln lassen, Integration nicht durch eine nur vermeintlich konstruktive Politik der Anerkennung von Unterschieden anzugehen, sondern im Gegenteil bestehende *Gemeinsamkeiten* zwischen Alteingesessenen und Einwanderern zu betonen.[26] Es gehe darum, Unterschiede »in einem Meer der Ähnlichkeiten, gemeinsamen Zielen und gegenseitigen Interdependenzen« aufzulösen und so nicht Diversität, sondern Ähnlichkeit zu betonen.[27] Ein solcher Ansatz erscheint in der Tat vielversprechender als eine Zementierung von Differenzen über vermeintlich aufgeschlossenes multikulturalistisches Schubladendenken. »Differenzen kann man respektieren«, meint auch die langjährige Bundestagsabgeordnete Lale Akgün, »doch integrieren kann man nur über Gemeinsamkeiten.«[28]

Eine Ebene, auf der solche Gemeinsamkeiten ihren Ausdruck finden und gelebt werden können, ist die *auch* nationalstaatliche Heimat, in der sich alte und neue Staatsbürger gegenseitig akzeptieren und anerkennen. In seiner Rede anlässlich des Tages der Deutschen Einheit 2017 plädierte Bundespräsident Frank-Walter Steinmeier emphatisch dafür, »die Sehnsucht nach Heimat nicht den Nationalisten zu überlassen«. »Heimat«, so der Bundespräsident, sei »der Ort, an dem das ›Wir‹ Bedeutung bekommt. So ein Ort, der uns verbindet, den braucht ein demokratisches Gemeinwesen – und den braucht auch Deutschland.«[29] Dass der Begriff »Heimat« sehr wohl von progressiven Kräften besetzt werden *kann,* hat auch der österreichische Bundespräsident Alexander Van der Bellen (der als Kind holländischstämmiger estnisch-russischer Einwanderer in Österreich aufwuchs) in seinem Präsidentschaftswahlkampf 2016 unter Beweis gestellt. Auch der Grünen-Vorsitzende Robert Habeck plädiert seit geraumer Zeit dafür, den Begriff der »Heimat« eben nicht den Rechtspopulisten zu überlassen.[30]

Doch dass gerade progressive Kräfte auf diesen Begriff setzen *sollten,* bleibt umstritten, trotz der aktuell zu beobachtenden Renaissance des Begriffs. Gerade progressive Beobachter reiben sich am Heimatbegriff meist, weil dieser nicht nur für das Singuläre und Vertraute stehe, sondern eben auch exkludierend sei –

ganz abgesehen von der historischen Belastung des Begriffs durch die Blut-und-Boden-Romantik der Nationalsozialisten.[31] Aufgrund dieser begrifflichen Gemengelage schrecken Progressive bedauerlicherweise davor zurück, den Begriff »Heimat« auf der Ebene anzuwenden, in der er politisch am wirksamsten sein könnte. Wenn es um lokale Kiezromantik oder regionale Mundartpflege geht, scheint der Begriff für Progressive gerade noch tragbar zu sein. Nicht aber in der offensichtlich verbreitetsten Bedeutung als staatlich-nationales Heimat*land*.

Diese Leerstelle aber erweist sich als schwere Hypothek bei dem Versuch, Integration gerade in das zentrale Gemeinwesen Staat mit all den damit verbundenen Rechten und Pflichten zu befördern. Es ist nicht der Kiez und nicht der regionale Dialekt, die politische Emanzipation und Integration garantieren, sondern die Anerkennung als Bürger in der staatlichen Gemeinschaft. Deshalb sind »Heimat« und eine weltoffen definierte »Nation« keine per se ausgrenzenden Begriffe, sondern Identitätskategorien, die Aufnahme, Integration und Partizipation überhaupt erst ermöglichen. Dies auch, weil es – wie Bundespräsident Steinmeier richtig feststellt – Heimat eben durchaus »auch im Plural gibt«. Ob einem Umsteuern in der Wahrnehmung dieser Kategorien dabei durch Einführung eines »Heimatministeriums« Genüge getan wird, sei dahingestellt. Anzunehmen jedoch ist, dass der allgegenwärtige progressive Spott darüber den Graben zwischen fortschrittlichen Parteien und ihrer ehemaligen Wählerschaft eher vertiefen als überwinden dürfte.

Weg des Pragmatismus: Der kanadische Dreiklang

Ein Beispiel für einen migrationspolitischen Ansatz, der humanitäre Verantwortung, staatliche Kontrolle und weitgehend gelingende Integration vereint, liefert Kanada. In Abgrenzung zum südlichen Nachbarn ist der kanadische Premierminister Justin Trudeau zum fast wie ein Popstar verehrten Gegenentwurf zu Donald Trump geworden. Nicht zuletzt persönliche Besuche des Premiers am Flughafen von Toronto zur Begrüßung ankommender Flüchtlinge sollten den weltoffenen Charakter des kanadischen Modells für alle Welt sichtbar demonstrieren.

Bei genauerer Betrachtung aber zeigt sich, dass Kanada eben kein Vorbild für eine altruistische Politik des »anything goes« darstellt. Im Gegenteil: Statt auf offene Grenzen, unbegrenzte Einwanderung und eine moralisch aufgeladene Debatte setzt Kanada auf einen Dreiklang aus Auswahl, Begrenzung und Großzügigkeit. Die Basis der kanadischen Einwanderungspolitik ist die Formulierung eines ökonomischen Interesses des aufnehmenden Landes. Einwanderer werden auf dieser Grundlage nicht etwa nach ethnischen oder religiösen Kategorien, sondern nach Bildungsstand, Alter, Sprachkenntnissen und beruflichen Fertigkeiten, die allesamt nach einem strengen Punktesystem gemessen werden, ausgewählt. So verfügten 2015 etwa 65 % der Einwanderer über einen Universitätsabschluss. Deshalb fallen kanadische Neueinwanderer auch dadurch auf, dass sie überproportional beschäftigt und unterproportional auf öffentliche Unterstützungsleistungen angewiesen sind. Die Ergebnisse aktueller Meinungsumfragen, denen zufolge 70 % der Kanadier einen positiven Einfluss der Neubürger auf die Entwicklung des Landes konstatieren, basieren daher nicht auf erfolgreichen Werbekampagnen, sondern auf ungeschminkten sozioökonomischen Tatsachen.[32]

Getragen von dieser allgemeinen Zustimmung in der Bevölkerung ist die Zahl der Einwanderer in Kanada sehr hoch. Allein im Jahr 2016 kamen 320.000 Neubürger ins Land – ein globaler Spitzenwert. Für 2018 und die Folgejahre werden rund 310.000 neue Einwanderer erwartet. Im Gegensatz zur deutschen und zur europäischen, aber auch zur US-amerikanischen Debatte über Familienzusammenführungen spielt diese Kategorie im kanadischen Einwanderungsrecht nur eine nachgeordnete Rolle. Zwar existieren durchaus entsprechende Programme, sie fallen aber numerisch kaum ins Gewicht. In Summe hat Kanada eine interessensgeleitete, stark selektierende Einwanderungspolitik etabliert, die gesellschaftlich breite Unterstützung erfährt und zahlenmäßig einen erstaunlichen Umfang angenommen hat. Es ist diese Kombination aus ökonomischem Interesse und Auswahl, die eine Erweiterung des Akkords um einen weiteren Ton zum Dreiklang der kanadischen Einwanderungspolitik ermöglicht: den der humanitären Großzügigkeit. 2016 meldete das Flüchtlingshilfswerk der Vereinten Nationen die Rekordzahl von 46.000 Flüchtlingen, die im vorherigen Jahr nach Kanada umgesiedelt worden waren. Dies ist die höchste registrierte Zahl seit den 1980er-Jahren.

Im Gegensatz zum Anti-Flüchtlings-Backlash, der sich in westeuropäischen Staaten entfaltet, ganz abgesehen von den Entwicklungen in Ostmitteleuropa oder den USA, kann von einer flüchtlingspolitischen Skepsis in Kanada bislang jedoch kaum die Rede sein. Im Jahr 2017 meinten 32 % der Kanadier, dass das Land zu viele Flüchtlinge aufnehme – ein Zuwachs von 2 % im Vergleich zum Jahr 2016 und ein deutlich niedrigerer Wert als in vielen westeuropäischen Ländern.

Die anhaltende gesellschaftliche Zustimmung zur praktizierten Migrationspolitik und zur großzügigen humanitären Flüchtlingspolitik wird dabei sicher auch begünstigt durch die geografische Lage des Landes, die Migrationsbewegungen per se begrenzt. Doch beruht die strukturelle gesellschaftliche Offenheit gegenüber Einwanderung eben wesentlich auch auf dem klaren Bekenntnis zu staatlicher Kontrolle. Schließlich gewann Justin Trudeau die Wahlen 2015 nicht mit einer angekündigten Grenzöffnung, sondern setzte vielmehr auf das Versprechen, Sicherheitsinteressen mit Humanismus zu verbinden.

Sicher, radikalen Befürwortern unbegrenzter Migration dürfte das kanadische Beispiel kaum als moralischer Standard genügen. In einem Diskurs, in dem jede Art von Grenzschließung als »menschenverachtende Abschottung« und »Anbiedermeierei an den

Plebs« verstanden wird, ist das kaum überraschend.[33] Im Gegensatz zu radikalen Fantasien der Extreme – »Grenzen auf« versus »Grenzen dicht« – jedoch hat diese Politik den entscheidenden Vorteil, gesellschaftlich und politisch mehrheitsfähig zu sein.

All das ist kein Plädoyer für eine rigorose Abschottungspolitik. Zygmunt Baumann verweist in seinem letzten großen Essay mit Recht darauf, dass es »keinen anderen Ausweg aus der Krise gibt als die Solidarität zwischen den Menschen«[34]. Wer wollte da widersprechen? Zu fragen ist aber, ob das derzeit praktizierte Migrationsregime europäischer Staaten wirklich solidarisch ist. Beim anhaltenden Spagat zwischen rein bürokratischem, oft inhumanem Gesetzesvollzug – etwa bei der Ausweisung von seit Jahren in Deutschland lebenden, voll integrierten Jugendlichen – und massivem Staatsversagen – etwa durch die Hinnahme des Schlepperwesens – werden gerade jene Menschen vernachlässigt, denen sich progressive Kräfte eigentlich besonders verpflichtet fühlen sollten: nämlich der großen Masse all derer, die sich die illegale Reise nach Europa nicht erlauben oder leisten können. Gerade Migrationsbewegungen bestehen – anders als Fluchtbewegungen aus akuten Kriegsgebieten – bekanntlich nicht aus Menschen, die Hilfe am dringendsten benötigen, sondern zu einem Großteil aus Angehörigen der Mittelschicht.

Hinzu kommt, dass sich die Behauptung, eine unbeschränkte Aufnahme von Flüchtlingen diene der Bekämpfung des Elends im globalen Süden dieser Welt, schlicht nicht aufrechterhalten lässt. Tatsächlich kann ungebremste und ungesteuerte globale Migration strukturelle Entwicklungshemmnisse eben nicht beseitigen. So zeigt Paul Collier in seinem Werk *Exodus* zwar, dass die Ursache von Migration in globaler Ungleichheit liege, diese durch Migration jedoch nicht wesentlich reduziert werden könne. Dazu bedürfe es einer tiefgreifenden ökonomischen und sozialen Transformation in den betreffenden Ländern. Auch Julian Nida-Rümelin erinnert daran, dass »transkontinentale Migration kein geeignetes Mittel ist, um Armut und Elend in der Welt zu bekämpfen«.[35]

Diese Argumente sollten es progressiven Kräften nahelegen, beim Thema Migration einen Weg des Pragmatismus einzuschlagen. Linke und Linksliberale täten gut daran, auf eine Profilierung nicht als Migrations-, sondern als Integrationsparteien zu setzen und den Spagat zwischen globaler und nationaler Solidarität durch Beschreiten eines Mittelwegs, wie er etwa in Kanada praktiziert wird, zu bewältigen. Dafür sind sie weit besser qualifiziert als die politische Konkurrenz von rechts. Dabei gilt es auch die unbestreitbaren Vorteile von kontrollierter Einwanderung für einen Wohlfahrtsstaat herauszustellen. Die Zeitschrift *The Economist* veröffentlichte vor einigen Monaten unter der Überschrift »Migration: Gebraucht, aber nicht gewollt« ein Dossier, das die kritische Wahrnehmung von Migration gerade in Europa beklagt. Die Mehrheitsbevölkerung in Europa und Deutschland vom Nutzen der Migration zu überzeugen darf sich jedoch nicht in normativen Appellen oder moralisierenden Frontalangriffen auf Skeptiker erschöpfen. Vielmehr muss es darum gehen, die gesellschaftliche Akzeptanz von sinnvoller Zuwanderung durch entsprechende politische Maßnahmen zu fördern, damit Migration gesellschaftlich eben nicht nur *gebraucht* wird, sondern auch *gewollt* werden kann. Dass dies gelingen kann, zeigt das Beispiel Kanada. Es belegt aber auch, dass gelungene Integration, Solidarität und humanitäre Großzügigkeit erst auf der Basis nationalstaatlicher Kontrolle und einer vom Nationalstaat aktiv kontrollierten Einwanderungspolitik möglich sind. Wer Humanismus und Wohlfahrt in einer Welt verbinden will, die auf absehbare Zeit von Migration geprägt sein dürfte, kommt an einem Nationalstaat nicht vorbei, der nationale und internationale Solidarität miteinander verknüpft und beide nicht reduziert, sondern stärkt.

---

1   UNDESA: *The International Migration Report 2017.* New York 2017.

2   IOM: »Global Migration Trends«. In: *Data Bulletin,* No. 1. Berlin 2017.

3 Michael Bröning und Christoph P. Mohr (Hg.): *Flucht, Migration und die Linke in Europa*. Dietz, Bonn 2017.

4 Europäische Kommission: *Standard-Eurobarometer Herbst 2017*. http://ec.europa.eu/commfrontoffice/publicopinion/index.cfm/ResultDoc/download/DocumentKy/81149

5 Henrik Müller: »Unverhoffter Segen für Deutschland«. In: Demografienetzwerk FrankfurtRheinMain. http://www.demografienetzwerk-frm.de/interviews/prof-dr-henrik-mueller-unverhoffter-segen-fuer-deutschland/

6 Michael Haller: »Die ›Flüchtlingskrise‹ in den Medien. Tagesaktueller Journalismus zwischen Meinung und Information«. In: *OBS-Arbeitsheft* 93. Frankfurt am Main 2017.

7 »Straftaten gegen Flüchtlinge: Genauso übel wie 2015«. In: *taz*, 3. Februar 2017.

8 Wolfgang Merkel: »Bruchlinien Kosmopolitismus, Kommunitarismus und die Demokratie«. In: *WZB-Mitteilungen*, Heft 154, Dezember 2016.

9 Patrick Kingsley: »We Can't Stop the Flow of Migrants to Europe«. In: *The Guardian*, 31. Juli 2015.

10 Dimitris Avramopoulos: »Europe's migrants are here to stay«. In: *Politico*, 18. Dezember 2017.

11 Paul Collier: *Exodus. Immigration and Multiculturalism in the 21st Century*. Oxford University Press 2013, S. 236.

12 »Europäische Identität und universalistisches Handeln – Nachfragen an Jürgen Habermas«. In: *Blätter für deutsche und internationale Politik*, 7/2003.

13 David Goodhart: *The Road to Somewhere. The Populist Revolt and the Future of Politics*. Hurst & Company, London 2017, S. 106.

14 Alberto Alesina, Edward Glaeser und Bruce Sacerdote: *Why Doesn't the US Have a European Style Welfare State?* Harvard Institute of Economic Research, Discussion Paper No. 1933, November 2001.

15 Steffen Mau und Christoph Burkhardt: »Migration and Welfare State Solidarity in Western Europe«. In: *Journal of European Social Policy*, Vol. 19 (3), 2009, S. 226.

16 Robert Puntnam: »E Pluribus Unum: Diversity and Community in the 21st Century«. In: *Scandinavian Political Studies*, 30(2), 2007, S. 165.

17 »Forscher gegen Kürzung von Sozialleistungen für Flüchtlinge«. In: *ZEIT ONLINE*, 3. Januar 2018.

18 Sunder Katwala: »Immigration Fears Have to be Faced and Defused, not Dismissed«. In: *The Guardian,* 13. Januar 2013.

19 Kenan Malik: »The Failure of Multiculturalism. Community Versus Society in Europe«. In: *Foreign Affairs,* März/April 2015.

20 Thomas Oppermann: »Offenheit bedeutet nicht Beliebigkeit«. In: *Cicero,* 4. Mai 2017.

21 Kian Niroomand: »Die Leitkultur-Idee widerspricht der SPD-Identität«. In: *Tagesspiegel* Causa, 4. November 2017.

22 YouGov: »Die Hälfte der Deutschen bejaht de Maizières ›Leitkultur‹«. Omnibus-Umfrage 16. Mai 2017.

23 »Migranten erwünscht – aber bitte anpassen!« In: *Focus,* 17. Januar 2014.

24 Sabine Pokorny: *Was uns prägt. Was uns eint. Integration und Wahlverhalten von Deutschen mit und ohne Migrationshintergrund und in Deutschland lebenden Ausländern.* Konrad-Adenauer-Stiftung, 2016.

25 Ernst-Wolfgang Böckenförde: *Staat, Gesellschaft, Freiheit.* Frankfurt am Main 1976, S. 60.

26 Goodhart, op. cit., S. 133.

27 Jonathan Haidt: *The Righteous Mind. Why Good People are Divided by Race and Religion.* Penguin Books, London 2012, S. 239.

28 Gespräch mit Lale Akgün am 13. Februar 2018.

29 Rede von Bundespräsident Frank-Walter Steinmeier anlässlich des Tags der deutschen Einheit am 3. Oktober 2017 in Mainz.

30 Robert Habeck: *Patriotismus. Ein linkes Plädoyer.* Gütersloh 2010.

31 Cornelia Koppetsch: »In Deutschland daheim, in der Welt zu Hause«. In: *Soziopolis,* 22. Dezember 2017.

32 Jonathan Tepperman: »Canada's Ruthlessly Smart Immigration Policy«. In: *The New York Times,* 28. Juni 2017.

33 Robert Menasse: »Geht hin und benennt die wahren ›Mörder‹«. In: *Die Presse,* 23. April 2015.

34 Zygmunt Bauman: *Die Angst vor den anderen. Ein Essay über Migration und Panikmache.* Suhrkamp, Berlin 2016.

35 Julian Nida-Rümelin: *Ethik der Migration.* Edition Körber-Stiftung, März 2017; Collier, op. cit., S. 271.

3 Europa und die Demokratie

Es ist eine Ironie der aktuellen Krise, dass die Europäische Union am Ende nicht an ihren Feinden scheitern könnte, sondern an ihren vermeintlich größten Freunden. Sicher, die Union ist eine Erfolgsgeschichte. Errichtet auf den Trümmern eines Kontinents, der von Deutschland aus mit Vernichtung und Krieg überzogen wurde, hat das europäische Einigungsprojekt einen wichtigen Beitrag zu Jahrzehnten des Friedens geleistet. Mit Recht wurde die EU deshalb mit dem Friedensnobelpreis ausgezeichnet. Doch unübersehbar ist auch: Das Projekt Europa steckt nicht nur in einer, sondern gleich in einer ganzen Serie von sich gegenseitig verstärkenden Krisen: Wirtschafts- und Finanzkrise, Eurokrise, zunehmende ökonomische Polarisierung zwischen den Staaten, Brexit und anhaltende Flüchtlings- und Migrationskrise. In der Summe resultieren diese Entwicklungen in einer Krise der europäischen Identität in Bezug auf das Ziel und den Charakter des europäischen Integrationsprozesses selbst.

Kein Zweifel: In ihrer jetzigen Form bedarf die Europäische Union einer grundlegenden Reform. Dabei ist klar, dass viele der politischen Herausforderungen des Kontinents nur durch ein Mehr an Europa, durch stärkere Kooperation, Abstimmung und auch Vereinheitlichung angegangen werden können. Aber brauchen wir deshalb tatsächlich *überall* mehr Europa? Muss der Nationalstaat wirklich *überall* den Weg freimachen für »europäische« Lösungen? In weiten Teilen der deutschen politischen Klasse zumindest gilt genau das als Konsens. Politiker fast jeglicher Couleur, Wirtschaftsexperten, Kulturschaffende und sogar die christlichen Kirchen werden nicht müde, diese Einsicht tagtäglich wie ein

Mantra aufzusagen. Dabei wird dieser Kurs meist als alternativlos, als einzig rationale Politikoption dargestellt. Der Tenor lautet: Die Staaten Europas müssen sich endlich zusammenreißen, um die bestehenden Probleme mit kühlem Kopf und heißem Herzen anzupacken und sie zu lösen. Was fehle, seien lediglich der politische Wille und Weitblick, Partikularinteressen im Interesse des großen Ganzen zu überwinden.

Das Dilemma dabei ist: So sympathisch diese enthusiastische Position auch erscheinen mag, so sehr übersieht sie, dass politische Entscheidungen und Maßnahmen zur Krisenbewältigung eben nicht einfach technokratisch getroffen und dann administrativ durchgesetzt, sondern erst im Anschluss an eine wirkliche politische Auseinandersetzung und Konsensfindung realisiert werden können. In einem demokratischen Europa kann es eben nicht darum gehen, die vermeintliche Kakophonie der Partikularinteressen mit Brachialgewalt auf eine vorgeblich rationale Linie zu bringen. Denn die *eine* Linie der Rationalität gibt es ebenso wenig wie die Alternativlosigkeit eines politischen Rezepts. In der Politik existiert kein archimedischer Punkt, und wenn es ihn denn gäbe, so läge er weder in Brüssel noch in Berlin.

Bezeichnend für die aktuelle Lage ist, dass sich die verschiedenen Krisen in Europa und die Reaktionen darauf in dem Maße zu einer Krise der Demokratie in Europa entwickeln, wie die politischen Lösungsversuche gegen den dezidierten Willen der europäischen Bürgerinnen und Bürger durchgesetzt werden müssen. »Europe First« ist ein vortrefflicher Slogan in Zeiten von Trump, doch zu fragen ist, von wessen Europa hier die Rede ist. Ist es das Europa des Berliner Kanzleramts? Oder dasjenige Athens, Lissabons oder Warschaus? Für manche besonders überzeugten Pro-Europäer stellt sich diese Frage offenbar nicht. Für sie ist der Weg vorgezeichnet. Egoistische Binnensichten haben in dieser Weltsicht stets nur die anderen, die Europa-Skeptiker, die eurokritisch verblendeten Wähler und verantwortungslose Demagogen, die Teile der Gesellschaft vom rechten europäischen Pfad abbringen. Sie alle müssen dazu gebracht werden, entweder die eigene Kurzsichtigkeit durch Einschwenken auf den Kurs der Vernunft zu überwinden oder zumindest durch Beiseitetreten den Weg für den Fortschritt in Gestalt der europäischen Integration freizumachen.

Doch ist es diese Art von »gemeinsamem Handeln«, das die Römischen Verträge des Jahres 1957 als Grundlage für einen »immer engeren Zusammenschluss« im Sinne einer »harmonischen Entwicklung« zur »Besserung der Lebens- und Beschäftigungsbedingungen« in Europa beschwören? Oder ähnelt die Situation eher dem, was Angela Merkel 2011 als »eine Art der Mitbestimmung« beschrieb, »die so gestaltet wird, dass sie trotzdem auch marktkonform ist«? Jürgen Habermas verweist zu Recht auf das Dilemma, dass »der europäische Einigungsprozess heute in der Sackgasse steckt, weil er nicht weitergehen kann, ohne vom bisher üblichen administrativen Modus auf eine stärkere Beteiligung der Bevölkerung umgestellt zu werden«. Die hierfür erforderliche »Kompetenzverlagerung von den Mitgliedsstaaten auf die Union« jedoch erscheine zumindest auf demokratischem Wege derzeit als in weiten Teilen unrealistisch. Deshalb werde im Resultat die europäische Einigung als »Elitenprojekt« der »Entmündigung der europäischen Bürger« fortgesetzt.[1]

Vor diesem Hintergrund erstaunt es kaum, dass die Diskussion über das »Demokratiedefizit« der Europäischen Union fast so alt ist wie die Union selbst. Die Literatur zu diesem Thema ist in Buchregal-Metern zu bemessen, und sie ist oft so konstruktiv wie kenntnisreich. Doch zur Analyse der aktuellen Krisen lohnt es sich, etwas grundsätzlicher zu werden und sich in Erinnerung zu rufen, wie ein gutes demokratisches Gemeinwesen konzeptionell gedacht wird.

Entscheidenden Einfluss auf die demokratietheoretische Debatte nahm der US-Politikwissenschaftler Robert A. Dahl mit seinem 1989 publizierten Standardwerk der politischen Theorie, *Die Demokratie und ihre Kritiker.* Darin entwirft Dahl eine utopische Demokratie auf der Grundlage von fünf Kriterien eines demokratischen Prozesses. Für Dahl beruht eine perfekte Demokratie (1) auf der Akzeptanz von demokratischer Inklusion der erwachsenen Bevölkerung, (2) auf der Fähigkeit der Bevölkerung, die politische Agenda zu bestimmen, (3) auf der Grundlage von »enlightened understanding«, (4) effektiv am politischen Prozess teilzuhaben und (5) auf »entscheidender Ebene« gleichberechtigt eine politische Präferenz zum Ausdruck bringen zu können.[2]

Dahl ist sich durchaus der Tatsache bewusst, dass dieser Idealzustand kaum je erreicht werden dürfte. Doch ein zentraler Auftrag an die Politik bleibt die Aufforderung, die Bürgerinnen und Bürger als das zu behandeln, was der kanadische Politikwissenschaftler und ehemalige Chef der Liberalen Partei Kanadas, Michael Ignatieff, als zentrale Idee fortschrittlicher Politik bezeichnet, nämlich dass »progressive Politik nicht ohne Politik« existieren kann. Bürgerinnen und Bürger müssten sich als »Herren in ihrem eigenen Haus« empfinden: »Das Überleben der Demokratie, das Überleben von demokratischer Politik bedeutet, das Wiederbeleben von Souveränität, das Gefühl zurückzuerlangen, dass wir Herren unseres eigenen Schicksals sind.« Davon abgeleitet bedeute progressive Politik konkret einen gesellschaftlichen Ansatz, der »Demokratie fördert, Ungleichheit reduziert, Möglichkeiten schafft und Nachhaltigkeit stärkt«.[3] Auch das *Hamburger Programm der Sozialdemokratischen Partei Deutschlands* postuliert vor diesem Hintergrund bewusst das »Primat demokratischer Politik«, widerspricht der »Unterwerfung des Politischen unter das Ökonomische« und definiert die Sozialdemokratie als »Demokratiepartei«.[4] Und nicht zuletzt bestimmt das Grundgesetz in Artikel 20: »Alle Staatsgewalt geht vom Volke aus.«

Das Europa der Idee und
das real existierende Europa

Doch wie steht es um die Umsetzung dieser Ansprüche in der Gegenwart europäischer Krisenpolitik? Steht die EU heute tatsächlich für ein Europa der freien Wahl? Für ein Europa des Wohlfahrtsstaats? Für ein Europa demokratischer Kontrolle? Für ein Europa der staatlichen Intervention in der Wirtschaft? Kurz, für ein Europa der »Freiheit, Gerechtigkeit und Solidarität«, wie es im Sinne sozialdemokratischer Grundwerte verstanden wird? Oder hat sich die EU, wie der französische Politikwissenschaftler Laurent Bouvet meint, nicht zumindest in Teilen in das »exakte Gegenteil des sozialdemokratischen Entwurfs« entwickelt?[5]

Bei der Beantwortung dieser Frage sollte klar zwischen dem Europa der Idee und dem real existierenden Europa unterschieden werden. Während die lautesten Europafreunde sich nach wie vor in Bekenntnissen zur europäischen Vision zu übertreffen suchen, verschließen sie die Augen vor einem real existierenden Projekt, das mit progressiven Idealen von Solidarität, Demokratie und Gerechtigkeit, jedenfalls abseits des hehren Ideals der Friedenssicherung, nur noch wenig gemein zu haben scheint.

Sicher, zahlreiche Vorteile der europäischen Integration liegen auf der Hand. Doch die neoliberale Wirklichkeit zersetzt zunehmend die Erhabenheit der Idee. Teil des Problems ist dabei, dass die derzeit bestehende Europäische Union konzeptionell als Kind eines konservativ-liberalen Projekts bezeichnet werden muss, das im Zuge der Eurorettung demokratisch kaum legitimiert Macht ausübt. Zugleich beschneidet es die demokratisch stark legitimierte Macht einzelner Mitgliedsstaaten im Namen von vermeintlichen Sachzwängen oder entwertet diese durch Aggregation in höheren Entscheidungsebenen. Im Resultat entsteht ein Dreiklang aus einem konservativ-liberalen *Acquis Communautaire* (dem für alle Mitgliedsstaaten verbindlichen »gemeinsamen Besitzstand« aller Rechte und Pflichten), einer vermeintlich entpolitisierten Integration auf dem Umweg der Rechtsprechung und supranationalem politischem Durchregieren entweder ohne oder sogar im Gegensatz zum demokratischen Wählerauftrag, zumindest in einigen Mitgliedsstaaten.

Auch wenn manche progressive Stimmen in Europa sich mit dieser Erkenntnis schwertun: Das real existierende europäische Projekt wurde nicht von Linken, sondern von konservativen Kräften aus der Taufe gehoben. Der Hinweis hierauf aber ist keine kleinliche Streiterei über historische Verdienste, sondern hat konkrete politische Konsequenzen. Denn den konservativen Gründungsvätern der EWG ging es nicht in erster Linie um die Stärkung demokratischer Prinzipien, sondern vielmehr darum, ein erneutes Abgleiten des Kontinents in die Barbarei des Nationalismus und des Krieges auf Dauer zu unterbinden. Die Römischen Verträge verwenden den Begriff »Demokratie« kein einziges Mal – im Gegensatz etwa zum Nordatlantikvertrag (NATO), der sehr wohl Bezug auf demokratische Prinzipien nimmt.

Das aber war kein Zufall, sondern zumindest zum Teil auch Programm, denn die Gründungsväter Europas verbanden ihren Enthusiasmus für die europäische Einigung mit einem gerüttelten Maß an Skepsis gegenüber den Unwägbarkeiten des demokratischen Prozesses. Immerhin hatten demokratische Kräfte dem Siegeszug des Nationalsozialismus bzw. Faschismus kaum etwas entgegenzusetzen gehabt, sofern sie sich nicht gleich als Steigbügelhalter des Autoritarismus erwiesen hatten. Der irische Politikwissenschaftler Peter Mair erinnert vor diesem Hintergrund an den vielleicht überraschenden Umstand, dass die europäische Integration von Beginn an gerade auch als »Schutzsphäre« gegenüber einem Zuviel an repräsentativer Demokratie konzipiert worden war.[6]

Erst später wurden führende Sozialdemokraten zu prononcierten Europapolitikern – man denke an große Europäer wie Willy Brandt, François Mitterrand oder Olof Palme. Doch das Einschwenken der europäischen linken Mitte auf den proeuropäischen Kurs ging eben nicht mit einer wirklichen Reflexion über die Frage einher, wie ein *sozialdemokratisches* Europa gestaltet werden könnte. Vielmehr übernahm die linke Mitte die konservativ-liberale DNA der Europäischen Wirtschaftsgemeinschaft stillschweigend als Hypothek für das aus übergeordneten friedenspolitischen Gründen alternativlos erscheinende »gemeinsame Haus Europa«.

Diese wirtschaftsliberale DNA aber ist heute kaum noch aus dem europäischen Projekt herauszufiltern. Nicht nur atmen die zugrunde liegenden Europäischen Verträge diesen politischen Geist, sondern es verstärkt auch die Konstruktion der europäischen Entscheidungsmechanismen strukturell das, was gemeinhin als »negative Integration« bezeichnet wird. Hierunter werden zum Beispiel europäische Maßnahmen verstanden, die auf den Abbau etwa von Handelsbeschränkungen zwischen den Mitgliedsstaaten abzielen. Das Einreißen staatlicher Vorschriften jedoch gestaltet sich sehr viel einfacher als der Aufbau neuer verbindlicher Regeln, für die stets ein breiter europäischer Konsens auf Regierungsebene gefunden werden muss. Gelingt ein solcher Konsens nicht, unterbleibt der Aufbau staatlicher Regulierung auf europäischer Ebene. Aus diesem Grunde hinkt die positive Integration der negativen stets hinterher. Fritz W. Scharpf verweist darauf, dass die negative Integration zumindest in der Theorie durch positive Integration ergänzt werden könne. Angesichts der Vielzahl von »Veto-Spielern« in den EU-Gremien jedoch liege die Chance, dass europäische Rechtsetzung den liberalisierenden Einfluss der negativen Integration korrigieren könnte, praktisch bei null.[7]

Im Resultat hat sich dadurch eine politische Praxis entwickelt, die man analog zum neoliberalen *Washington Consensus* etwas zugespitzt als »Konsens von Brüssel« bezeichnen könnte. In groben Zügen umfasst dieser Konsens die Mobilität von Kapital, Gütern und Arbeitskräften und das grundsätzliche politische Bekenntnis, die Rolle des Staates in der Wirtschaft zu beschränken, Budgets ausgeglichen zu gestalten, Inflation zu bekämpfen und freiwerdende Ressourcen dafür zu nutzen, durch Strukturreformen die Wettbewerbsfähigkeit zu verbessern.[8] Hervorstechendes Merkmal dieses »Konsenses« ist dabei, dass von einem Konsens im politisch-demokratischen Sinne kaum die Rede sein kann. Dennoch – und das ist politisch explosiv – ist er für europäische Einzelregierungen faktisch unangreifbar. Das aber untergräbt nicht nur die demokratische Legitimität des Gesamtkonstrukts, sondern auch und gerade die Legitimität gewählter demokratischer Regierungen in Opposition zum vermeintlichen Konsens. Diese müssen immer wieder die Erfahrung machen, dass ihre in nationalen Wahlen legitimierten politischen Programme in der institutionalisierten übergroßen Koalition der EU-Mitgliedsstaaten auf europäischer Ebene durch gegenlautende Mandatierungen anderer Mitgliedsstaaten ausgehebelt und aus der politischen Gleichung gestrichen werden. Das Umschwenken auf den »Konsens von Brüssel« kommt dabei bisweilen einem Gang nach Canossa gleich, bei dem frei gewählte Regierungen im Büßergewand pflichtschuldig geloben müssen, fortan »ihre europapolitischen Hausaufgaben zu erledigen«.

Triebkraft der real existierenden europäischen Integration war in erster Linie das Konzept der Rechtsetzung. Es ist eine einigermaßen komplizierte Herausforderung, eine exakte Antwort auf die Frage zu finden, welchen Umfang die Gesamtheit des gültigen EU-Rechts derzeit hat. Diese Schwierigkeit ist in der Natur der Sache und in der Verschiedenartigkeit der Quellen begründet, die sich nicht nur aus den EU-Verträgen speisen, sondern auch aus Verordnungen, Richtlinien und Beschlüssen der Organe der Europäischen Union und ihrer Vorgängerorganisationen. Zusätzlich wirksam sind Entscheidungen des Europäischen Gerichtshofs, Entschließungen und Erklärungen der EU-Organe sowie völkerrechtliche Verträge und Abkommen zwischen der Union und anderen Staaten oder Staatenbünden. In ihrem 30. Jahresbericht über die Kontrolle der Anwendung des EU-Rechts aus dem Jahr 2012 berichtet die Kommission von einem »Besitzstand der Europäischen Union«, zusätzlich zu den EU-Verträgen, von 9576 Verordnungen und 1989 Richtlinien, die von den Mitgliedsstaaten der Union »fristgerecht und sorgfältig« umgesetzt werden müssen, um sicherzustellen, dass die Gesetzgebung der Mitgliedsstaaten »im Einklang mit dem EU-Recht steht«.[9] Mittlerweile liegt diese Zahl weit höher.

Angesichts dieser Fülle von Rechtsakten spricht der britische Politikwissenschaftler Damian Chalmers überzeugend davon, dass »das Recht das zentrale Herrschaftsinstrument der Europäischen Union darstellt«[10]. Dies ist jedoch nicht lediglich eine Fremdzuschreibung: Schon der erste Präsident der Europäischen Kommission, Walter Hallstein, zeigte sich durchaus stolz darauf, dass »nicht Gewalt, nicht Unterwerfung« als Mittel der europäischen Integration eingesetzt würde, »sondern eine geistige, eine kulturelle Kraft: das Recht«[11]. Dies ist zweifellos ein schöner Gedanke, und grundsätzlich spricht auch nichts gegen EU-Verordnungen und -Dekrete. Schließlich ist eine »Herrschaft des Rechts« eine Regierungsform, der sich manch ein staatlicher Akteur stärker verpflichtet fühlen sollte.

Doch die Herrschaft des europäischen Rechts existiert eben nicht in einem unpolitischen Raum. Vielmehr hat die Durchsetzung der europäischen Integration über den Umweg der Rechtsprechung des Europäischen Gerichtshofs dazu geführt, dass Integrationsschritte weitgehend von demokratischer Kontrolle entkoppelt und an technokratisch operierende Experten delegiert wurden. Im Resultat erscheint die Europäische Union deshalb – in den Worten von Robert Misik im Rückgriff auf Wolfgang Streeck – als »eine Liberalisierungsmaschine, die nationalstaatliche Regulierungen schleift«[12]. Kaum verwunderlich, dass das den Regierungen einzelner Mitgliedsstaaten nicht immer ungelegen kam. So erinnert Daniel Seikel von der Hans-Böckler-Stiftung in einem Aufsatz in der Zeitschrift *Leviathan* daran, dass »nationale Regierungen die supranationale Arena nutzten, um ihre Ökonomien unter Umgehung widerständiger nationaler Verteilungskoalitionen schrittweise zu liberalisieren. Die vier Grundfreiheiten (Personen, Güter, Dienstleistungen, Kapital) und das EU-Wettbewerbsrecht wurden in der Folge zu wirkungsvollen Instrumenten wirtschaftlicher Liberalisierung« – im Wesentlichen hinter dem Rücken der gewählten nationalen Parlamente.[13]

Doch weshalb trifft diese Politik auch bei so vielen vermeintlich progressiven Kräften auf so enthusiastische Zustimmung? Weshalb nehmen sie den institutionell angelegten wirtschaftsliberalen Bias so klaglos hin? Tatsache ist ja, dass die Mehrheitserfordernisse für positive Integration im Europäischen Rat in entscheidenden Politikfeldern so hoch angesetzt sind, dass stets nur eine Politik auf dem kleinsten gemeinsamen Nenner möglich wird – sehr zulasten progressiver Politikentwürfe. Bestes Beispiel ist hier die Steuerpolitik: Auf diesem Politikfeld ist im Rat Einstimmigkeit vonnöten, was seit Jahren eine effektive Bekämpfung von Steuerdumping verhindert. Die Ursache: die Weigerung kleinerer Länder, etwa der Niederlande und Irlands, eine Verschärfung der Steuerregeln mitzutragen – von *Luxemburg-Leaks* und Jean-Claude Juncker ganz zu schweigen.

Ein weiterer strukturell angelegter Nachteil zulasten progressiver Politikentwürfe besteht in der Beschaffenheit der Verträge und dem darin gewährten Vorrang der wirtschaftlichen Grundfreiheiten. Hier erlässt die EU legislative Akte häufig nur in Politikfeldern, die von Insidern als »marktschaffende Politiken«, etwa zur Beseitigung von Handelshemmnissen, bezeichnet werden. EU-Entscheidungen auf diesem Gebiet werden konzeptionell stets weiter gefasst, während marktkorrigierende Politiken lediglich in rechtlich nicht bindenden Akten verabschiedet werden. Bestes Beispiel hierfür ist die 2016 eingeführte »Europäische Säule sozialer Rechte«, deren schwacher Ausbau von progressiven Kräften immerhin lautstark beklagt wird. Hier beschränkt sich die Aktivität der Union lediglich auf eine rechtlich unverbindliche Proklamation wie zuletzt im November 2017 auf dem EU-Sozialgipfel in Göteborg – ein deutlicher Beleg für die anhaltende Schwäche der EU auf sozialem Gebiet. All diese Kritikpunkte jedoch verblassen im Vergleich zu den Einbußen nationaler Selbstbestimmung im Zuge der Einführung und der »Rettung« des Euro.

Das demokratische Defizit der Eurorettung

Mit Einführung der einheitlichen europäischen Währung zum Jahresbeginn 2002 traten die teilnehmenden Eurostaaten freiwillig weitreichende Kompetenzen ab. Wirtschaftswissenschaftler verweisen in diesem Zusammenhang in der Regel auf vier makroökonomische Instrumente, die es souveränen Staaten ermöglichen, wirtschaftspolitisch aktiv zu werden: Geldpolitik, Fiskalpolitik, Lohnpolitik und Wechselkurspolitik. Durch Nutzung dieser Instrumente bemühen sich demokratisch gewählte Regierungen darum, ein Mindestmaß an Kontrolle über makroökonomische Entwicklungen zu erlangen und ihre eigenen finanz- und wirtschaftspolitischen Interessen zu gestalten. Mit der Einführung des Euro mussten diese Kompetenzen zwangsläufig an die europäische Ebene abgetreten werden, nationaler Handlungsspielraum ging verloren.

Obwohl Ökonomen bereits vor Einführung der Währung vor den Konsequenzen dieser faktischen partiellen Selbstentmachtung gewarnt hatten, erschien diese Politik ihren Befürwortern gerade aus Gründen der Souveränitäts*gewinnung* sinnvoll. Schließlich gingen sie davon aus, dass die Bündelung makroökonomischer Souveränität auf europäischer Ebene in der Summe einen Zuwachs an Marktkontrolle bedeuten würde. Obwohl diese Hoffnung nicht völlig unbegründet war, hat sie sich mittlerweile »als schwerer Irrtum erwiesen«, wie Martin Höppner vom Kölner Max-Planck-Institut für Gesellschaftsforschung die realpolitische Bilanz dieser Entscheidung zusammenfasst.[14] Denn faktisch erwies sich die Verlagerung der Steuerungskompetenz auf die europäische Ebene nicht als Kontrollzuwachs, sondern als Kontrollverlust nationaler Regierungen. Diese Tendenz nahm in dem Maße zu, in dem die Geburtsfehler der Währungsunion zutage traten.

Skeptische Ökonomen wiesen bereits vor der Einführung der Einheitswährung darauf hin, dass die Eurozone keinen »optimalen Währungsraum« darstelle. Die wirtschaftlich stark voneinander abweichenden Ausgangssituationen etwa in Portugal und Finnland haben durchaus unterschiedliche ökonomische Grundbedürfnisse zur Folge. Da sich aber die Steuerung der Eurozone, etwa durch die Europäische Zentralbank (EZB) bei der Gestaltung ihrer Geldpolitik, stets am Durchschnitt ihrer Mitglieder ausrichtet, ist es der EZB kaum möglich, auf die individuellen wirtschaftlichen Bedürfnisse der einzelnen Länder so einzugehen wie nationale Notenbanken. Henrik Enderlein, Vizepräsident der Hertie School of Governance und Berater Emmanuel Macrons, hat für dieses Dilemma die treffende Formel »One Size Fits None«[15] geprägt.

Während einige Euro-Mitgliedsstaaten von dieser Politik profitieren, wie etwa die Exportwirtschaft der Bundesrepublik Deutschland, werden schwächere Eurostaaten je nach Konjunkturlage – ebenso wie die Sparer in starken Staaten – benachteiligt. Natürlich ist dies ein Problem, das auch auf der Ebene einzelner Nationalstaaten mit ihren ökonomisch bisweilen sehr unterschiedlich stark aufgestellten Regionen existiert. In der Regel reagieren souveräne Staaten auf diese Herausforderung jedoch mit einem ganzen Bündel wirtschafts- und sozialpolitischer Maßnahmen. Im Rahmen eines Finanzausgleichs, über den Umverteilungsmechanismus des Sozialstaats oder über eine differenzierte Steuerpolitik können Regierungen durchaus passgenau auf unterschiedliche Interessenslagen innerhalb eines Gesamtstaats reagieren – ganz abgesehen von Wechselkursanpassungen zur Förderung des Exports in den Außenbeziehungen.

Auf europäischer Ebene jedoch existiert eine solche Steuerungsmöglichkeit nicht mehr. Strukturelle Ungleichheiten zwischen den Eurostaaten können kaum ausgeglichen werden, da den einzelnen Staaten die Möglichkeit einer geldpolitischen Antwort auf strukturelle Probleme durch die weitgehende Verlagerung der Kompetenzen auf die europäische Ebene versperrt ist. In Anbetracht dieser strukturellen Blockade steht das Regime der Eurozone vor einem Dilemma: Entweder werden die Kompetenzen auf europäischer Ebene so massiv gestärkt, dass eine Angleichungs-

beziehungsweise Ausgleichspolitik auf europäischer Ebene entwickelt werden kann, oder Einzelstaaten werden durch zentrale
Anweisungen auf eine als konstruktiv erachtete Linie gebracht.
Das heißt, es existieren – vermeintlich – nur zwei Optionen: eine
freiwillige Selbstentmachtung der Mitgliedsstaaten hin zu mehr
Zentralismus oder eine weitgehend erzwungene Entmündigung
einzelner Staaten zugunsten einer als rational präsentierten zentralen Steuerung der Währungsunion. Der Weg, der eingeschlagen
wurde, ist bekannt: Im Rahmen der von der Bundeskanzlerin als
alternativlos dargestellten Eurorettung (»wenn der Euro scheitert,
scheitert Europa«) wurde auf europäischer Ebene ein beispielloses
System der staatlichen Souveränitätsaushöhlung zumindest einiger Mitgliedsstaaten etabliert. Allerdings beruht dies nicht – wie
von den populistischen Vereinfachern postuliert – auf dem bösen
Willen entrückter Bürokraten, sondern vielmehr auf strukturellen
Erfordernissen einer fehlerhaft konstruierten Einheitswährung.

Hinter einer begrifflichen Wagenburg aus »Two Pack«, »Six
Pack«, »Fiskalpakt« und »Europäischem Semester« wurde weit-
gehend an den nationalen Parlamenten vorbei ein faktisches Eu-
roregime etabliert, dessen begrenzte demokratische Kontrolle in
keinem Verhältnis steht zu Umfang und Machtfülle der daraus ab-
geleiteten Politikvorschriften. Sicher, eine totale Kernschmelze der
Währungszone konnte durch dieses Regime verhindert werden.
Der in den Hochzeiten der Griechenlandkrise im Raum stehende
Austritt des Landes aus der Währungsunion wurde abgewendet.
Doch der Preis für diese »Rettung« besteht in einer partiellen Ent-
demokratisierung europäischer Politik, deren Ausmaß den meisten Wählerinnen und Wählern des Kontinents im Detail kaum bekannt sein dürfte. Vor allem in Südeuropa jedoch erfahren sie die
Folgen täglich aufs Neue. Die Etablierung eines neuen Verfahrens
der Nothilfe für wirtschaftlich unter Druck gekommene Eurostaaten ermächtigte die »Troika« aus Europäischer Kommission, IWF
und Europäischer Zentralbank dazu, Nutznießer der Nothilfen vor
der Auszahlung benötigter Finanzmittel zu massiven Struktur-

reformen zu zwingen. Hierzu zählt nicht nur das Ziel einer strikten Haushaltskonsolidierung durch Kürzung von Sozialleistungen wie in Griechenland, sondern auch der erhebliche marktliberale Umbau von Tarifsystemen, Arbeitsmärkten und ganzen Industrien durch Dezentralisierung und Privatisierung. Die faktische Entmachtung einzelner Eurostaaten im Dienste der Eurorettung erstreckt sich dabei auch auf die nationalen Parlamente.

Gemeinhin gilt das Etatrecht, also das Recht gewählter Abgeordneter einer demokratisch organisierten Gesellschaft, über die Verwendung der eigenen Finanzmittel zu entscheiden, als das Königsrecht eines Parlaments. Schon die *Glorious Revolution* des Jahres 1689 rang in der »Bill of Rights« dem neuen englischen König William das Zugeständnis ab, das Parlament über die Steuergesetze entscheiden zu lassen. Im Rahmen des sogenannten Europäischen Semesters wurde dieses Recht unter der Überschrift »Six Pack« infrage gestellt. Mit dem Ziel, makroökonomische Ungleichgewichte und übermäßige Defizite der Mitgliedsstaaten zu unterbinden, werden nationale Haushaltsplanungen nunmehr von der Europäischen Kommission und dem Europäischen Rat überwacht. Im Anschluss an die in den Einzelstaaten erfolgten Haushaltsplanungen (in der Regel im Oktober) werden diese zunächst von Rat und Kommission kommentiert – und zwar auf Basis der jährlichen Wachstumsprognosen. Hierauf aufbauend sind Euro-Mitgliedsstaaten im April des Folgejahres aufgefordert, Reformprogramme und fiskalpolitische Stabilitätsprogramme vorzulegen. Diese wiederum werden durch länderspezifische Empfehlungen beantwortet, die der Rat auf Vorschlag der Kommission im Juni und Juli ausspricht und die von den Mitgliedsstaaten im Folgejahr berücksichtigt werden sollten. Zwar sind die Empfehlungen bislang nicht verbindlich, im Rahmen des sogenannten Two Pack des Jahres 2013 jedoch kann die Kommission Mitgliedsstaaten mit erheblichen finanziellen Problemen unter »verstärkte Überwachung stellen«[16]. Derzeit wird auf europäischer Ebene diskutiert, wie diese Überwachung verbindlicher gestaltet werden kann.

Ergänzt wird dieses Verfahren durch ein Procedere zur Gewähr-
leistung von Haushaltsdisziplin, das den Stabilitäts- und Wachs-
tumspakt mit der 3-%-Defizit-Obergrenze noch einmal verschärft
und letztlich eine »schwarze Null« als haushaltspolitisches Ziel in
der gesamten Eurozone als Benchmark verordnet – unabhängig
davon, ob dies von nationalen Parlamenten so gewünscht wird.
Abgerundet wird dieses Paket von Maßnahmen durch den sogenannten Fiskalpakt, der als völkerrechtlicher Vertrag zwischen den
Unterzeichnerstaaten sowohl eine europäische Schuldenbremse
als auch Strukturreformen für Defizitstaaten vorsieht und die
Kontrolle über das Defizitverfahren in die Kompetenz der Europäischen Kommission verlagert. Dabei gibt er erneut eine »schwarze
Null« als politisches Ziel mit Verfassungsrang aus.

Die hier nur kurz skizzierten hochkomplexen Steuerungsme-
chanismen der Euro-Rettung verordnen eine Politik, für die es in
einer Vielzahl von Mitgliedsstaaten der Europäischen Union keine
parlamentarische Mehrheit gibt. Das macht aber keinen entscheidenden Unterschied. Daniel Seikel verweist mit Recht kritisch darauf, dass diese »Bestimmungen des neuen *Economic Governance*-
Regimes keine Mitentscheidungsrechte für Parlamente vorsehen.
Das Europäische Parlament kann allenfalls im Rahmen eines wirtschaftspolitischen Dialogs den Präsidenten des Rates, die Kommission oder den Präsidenten der Eurogruppe darum bitten, die
gefassten Beschlüsse zu erörtern.«[17] Die Marginalisierung demokratisch gewählter nationaler Parlamente und die Ersetzung eines
Königsrechts auf nationaler Ebene durch »Dialogbitten« gewählter Abgeordneter auf europäischer Ebene ist alles Mögliche, aber
bestimmt kein Zugewinn an demokratischer Kontrolle. Fritz W.
Scharpf erinnert richtigerweise daran, dass etwa für griechische
Bürgerinnen und Bürger die Unterordnung unter die Politik der Eurogruppe »nicht als demokratische Selbstverwaltung, sondern als
Herrschaft fremder Regierungen« wahrgenommen werden muss.[18]

Auch hier stellt sich die Frage, weshalb vermeintlich progressive Kräfte in Europa diese Politik so kontinuierlich mittragen.

Und dies nicht nur vor dem Hintergrund der wenig demokratischen Verfasstheit dieser Politik, sondern auch in Bezug auf die Politikinhalte. Sicher, nicht jeder Reformschritt in Griechenland ist und war unsinnig. Doch erneut ist es Scharpf, der auf ein grundlegendes Dilemma hinweist: Die Politik der Eurorettung verordne den schwächeren Eurostaaten unpopuläre angebotspolitische Patentrezepte, die sich in erster Linie auf Lohnkürzungen, wettbewerbssteigernde Kostenreduzierungen und den Rückbau sozialstaatlicher Sicherungssysteme beschränken. Das Ziel: eine exportgesteuerte Erholung. Doch selbst wenn eine solche Politik von Erfolg gekrönt wäre, wie es etwa in Deutschland zwischen 2001 und 2005 der Fall war, könne sie aus logischen Gründen kaum auf alle Eurostaaten ausgedehnt werden. Denn »externe Überschüsse des einen implizieren externe Defizite des anderen.«[19] Fast fühlt man sich an Kurt Tucholskys ironischen Zwischenruf zur Nationalökonomie erinnert: »Export ist, wenn die andern kaufen sollen, was wir nicht kaufen können; auch ist es unpatriotisch, fremde Waren zu kaufen, daher muss das Ausland einheimische, also deutsche Waren konsumieren, weil wir sonst nicht konkurrenzfähig sind.«[20]

Das in der aktuellen Krise immer deutlicher werdende demokratische Defizit der EU wird auch in proeuropäischen Kreisen heftig beklagt. Und doch haben weite Teile der Öffentlichkeit auf dieses Manko eher mit Desinteresse als mit Empörung reagiert. Entscheidend für die ersten Jahrzehnte des europäischen Einigungsprojekts erschien vielmehr ein sogenannter permissiver Konsens, der die Integrationsdefizite im Hinblick auf demokratische Mitbestimmung als Preis für eine weithin als wohlstandsfördernd wahrgenommene Integration zumindest akzeptierte. Die europäischen Bürger nahmen die EU-Integrationspolitik als vom Resultat her gerechtfertigte Einbuße ihrer Mitbestimmungsrechte hin. Demokratietheoretische Desiderata erschienen dabei nur für eine Minderheit als ausschlaggebend. Diese schweigende Zustimmung jedoch musste in dem Maße an Grenzen stoßen, in dem sich EU-Bestimmungen direkt in der Lebenswirklichkeit der europäischen Bürgerinnen und Bürger niederschlugen und sich dabei auch dezidiert als widersprüchlich zu lokalen politischen Politikpräferenzen erwiesen. Je höher aber die *Stakes* – die Einsätze –, desto geringer die Bereitschaft europäischer Verantwortungsträger, auf verbreitetes Unbehagen mit einem politischen Kurswechsel zu reagieren. Das ans Absurde grenzende Spektakel um die Verabschiedung eines EU-Verfassungsvertrages ist hierfür das auffälligste Zeugnis.

Wenn die Demokratie scheitert, scheitert Europa

Im Rahmen eines Europäischen Konvents erarbeiteten Bürger und Experten 2003 einen EU-Verfassungsvertrag, der jedoch in öffentlichen Referenden in Frankreich und den Niederlanden abgelehnt wurde. Die Weigerung weiter Teile der europäischen Öffentlichkeit, das Vertragswerk wie erhofft abzusegnen, führte jedoch zu keinem grundsätzlichen Kurswechsel. Was folgte, war lediglich eine Überarbeitung des Entwurfs, in deren Zuge schließlich im Vertrag von Lissabon wesentliche Elemente der ursprünglichen Version neu verpackt wurden. Auch die neuerliche Ablehnung dieses Vertragsentwurfs in einem Referendum in Irland im Jahr 2008 führte zu keiner Richtungsänderung, sondern lediglich zu einem erneuten Wahlgang, der schließlich das erhoffte Ergebnis zeitigte. Als weitgehend folgenlos erwies sich bekanntlich auch das von der griechischen Regierung 2015 durchgeführte Referendum über Ablehnung oder Annahme der von den »Institutionen« verordneten Reformen. Das »Nein« der Griechen führte zu einem zeitweiligen Abbruch der Verhandlungen zwischen Athen und den internationalen Gläubigern, hatte eine Regierungsumbildung, Ministerrücktritte und schließlich Neuwahlen zur Folge. Nur eines blieb unverändert: die Befolgung der europäischen Spardirektiven in Griechenland – von der klar ablehnenden Haltung gerade progressiver Kräfte im Hinblick auf ungeliebte aktuelle Referenden in

Katalonien und Ungarn ganz zu schweigen. Sicher, über die Inhalte all dieser Abstimmungen kann nicht nur, sondern muss gestritten werden. Doch für progressive Kräfte wäre eine zunehmende Ambivalenz und Gleichgültigkeit gegenüber den Voten der europäischen Wählerinnen und Wähler eine enorme politische Hypothek. Denn wenn der Status quo »alternativlos« ist und Wahlen folgenlos bleiben, ergibt systemloyale Opposition keinen Sinn mehr.

In Reaktion auf dieses Dilemma verweisen progressive Kräfte vehement auf eine nun endlich zu vervollständigende europäische Integration. Unter Rückgriff auf den in den Römischen Verträgen verkündeten »immer engeren Zusammenschluss« plädieren sie für eine Umwandlung der bestehenden Union in eine wirkliche europäische Demokratie auf kontinentaler Ebene. Für eine solche »Transnationalisierung der Demokratie« müsste nicht nur die Rolle des Europäischen Parlaments gestärkt werden, sondern entsprechend auch die Rolle des Europäischen Rates geschwächt. Die Europäische Kommission müsste endlich die Funktion einer europäischen Regierung ausfüllen, die allein dem Parlament rechenschaftspflichtig wäre und nach Möglichkeit direkt gewählt werden sollte. Gefordert wird dabei die Einrichtung eines europäischen parlamentarischen Systems, innerhalb dessen die Regierungen der Mitgliedsstaaten lediglich in einer Art zweiter Kammer neben dem Parlament an der Gesetzgebung mitwirken. Diese Forderung nach einer Art »Bundesrat auf Europa-Ebene« erfreut sich derzeit in Deutschland nicht zuletzt im medialen Diskurs einiger Beliebtheit. Ist es angesichts der verfahrenen Krisentektonik nicht tatsächlich endlich Zeit für einen großen Wurf, bei dem man sich nicht im Klein-Klein der Tagespolitik verläuft, sondern europapolitisch endlich Nägel mit Köpfen macht?

Als einer der augenscheinlich enthusiastischsten Befürworter eines solchen großen Wurfes gilt derzeit der französische Präsident Emmanuel Macron. In einer viel beachteten Rede an der Sorbonne, die den Höhepunkt einer fulminant proeuropäischen und erfolgreichen Kampagne bildete, plädierte er dafür, »das europäische Projekt neu zu begründen«. Seitdem vergeht kaum ein Tag, an dem aus fortschrittlichen Kreisen nicht der Appell zu vernehmen ist, man müsse »die ausgestreckte Hand Macrons nun endlich ergreifen«.

In ein ähnliches Horn stieß zuletzt auch der Präsident der Europäischen Kommission, Jean-Claude Juncker. Das von der Kommission im Frühjahr 2017 vorgestellte *Weißbuch zur Zukunft Europas* hatte ein Mehr an Europa noch überraschend nicht als alternativlos, sondern lediglich als eine Option neben anderen präsentiert. In seiner Rede zur Lage der Nation vor dem Europäischen Parlament im September 2017 schwenkte Juncker wieder auf die Vision einer europäischen Föderation um. Anstatt dass man das europäische Projekt zurückstufe, solle nun nicht nur die Eurozone, sondern auch der Schengen-Raum auf alle EU-Mitgliedsländer ausgeweitet werden. In eine rhetorische Frage gekleidet stellte sich auch der damalige SPD-Vorsitzende Martin Schulz im Dezember 2017 hinter die Idee eines europäischen Bundesstaats. »Warum nehmen wir uns jetzt eigentlich nicht vor, 100 Jahre nach unserem Heidelberger Beschluss, 100 Jahre später, spätestens im Jahre 2025 diese Vereinigten Staaten von Europa verwirklicht zu haben?«, fragte er.

Das Gegenargument gegen eine solche Föderalisierung Europas ist natürlich auch den Befürwortern einer solch großen Transformation nur allzu bewusst: das Fehlen eines europäischen *Demos* als Träger einer wirklichen europäischen Demokratie. Dies jedoch ist für die Befürworter eines unter Überwindung der Nationalstaaten zu schaffenden europäischen Bundesstaats kein Grund, ihr Projekt infrage zu stellen. Sie leiten daraus vielmehr einen Arbeitsauftrag für die Politik ab. Nämlich den, ein wirklich europäisches Bewusstsein als Träger einer europäischen Demokratie endlich zu schaffen. So forderte Emmanuel Macron in seiner Sorbonne-Rede, »mit dem Aufbau einer solchen gemeinsamen Kultur jetzt sofort zu beginnen.«[21] Auch Jürgen Habermas verweist auf eine »Solidarität unter Fremden, die durch den rechtlich konstruierten Staatsbürgerstatus erzeugt wird« und also auch auf europäischer Ebene geschaffen werden *kann,* sofern nur der politische Wille zur Durchsetzung vorhanden ist.[22]

Auch Ulrike Guérot und Robert Menasse stellen vor diesem Hintergrund die Notwendigkeit heraus, »die Organisation einer europäischen Zivilgesellschaft« anzugehen und ihr »im europäischen System eine Stimme zu geben«. Hierzu müssten die »De-Homogenisierung von nationalen Diskursen und die Schaffung eines transnationalen Diskussions- und Politikraumes« ins Auge gefasst werden. Denn »es war doch die Lehre aus der ersten Hälfte des 20. Jahrhunderts, dass ›nationale Interessen‹ jene Fiktion sind, deren Behauptung und Verteidigung unermessliches reales Leid über verführte, betrogene und wehrlose Menschen bringt«.[23]

Die Fürsprecher einer paneuropäischen Umerziehung der europäischen Völker in Richtung auf ein europäisches Bewusstsein mögen sich als wahre Sachverwalter der europäischen Vision verstehen. Doch ihre Idee eines europäischen Superstaats lässt sich in Wirklichkeit kaum auf historisch signifikante Vorbilder zurückführen. Ja, Winston Churchill forderte 1946 die »Vereinigten Staaten von Europa«. Doch dies bedeutete für ihn nicht das Auflösen der Einzelstaaten, sondern das Zusammenführen großer und kleiner Nationen in einer »regionalen Struktur«, in der »kleine Nationen so viel zählen wie große«.[24] Auch die so oft beschworenen Römischen Verträge sprechen zwar von einem »immer engeren Zusammenschluss«, aber sie fordern diesen eben als »Zusammenschluss der europäischen *Völker*«. Ebenso übrigens tut dies das Heidelberger Programm der SPD aus dem Jahr 1925. Tatsächlich fordert es die »Bildung der Vereinigten Staaten von Europa«, die aus »wirtschaftlichen Ursachen zwingend geworden« sei. Doch es bekennt sich im selben Absatz ebenso zum »Selbstbestimmungsrecht der Völker und ... Recht der Minderheiten auf demokratische und nationale Selbstverwaltung«, um damit »zur Interessenssolidarität der Völker aller Kontinente zu gelangen«.[25] Von der »Fiktion nationaler Interessen« und einer »De-Homogenisierung nationaler Diskurse« jedenfalls findet sich darin nichts.

Keine dieser viel zitierten Visionen plädiert ernsthaft dafür, den Bürgerinnen und Bürgern der europäischen Nationalstaaten ihre Identität abzuerziehen und die Nationalstaaten, »zu zertrümmern«. Und sie tun recht daran. Denn mit welcher moralischen Legitimität sollte dies zu erreichen sein? Nur eine kleine Minderheit der Europäer empfindet sich, aktuellen Meinungsumfragen zufolge, rein als Europäer. Und eine Umfrage des Meinungsforschungsinstituts YouGov von Juni 2017 belegt, dass nur eine Minderheit der europäischen Bürger das Ziel einer »immer engeren Union« und eine pauschale Stärkung von EU-Institutionen unterstützt. In Frankreich sind dies 23 %, in Dänemark 10 %, in Schweden ebenfalls 10 % und in Finnland 13 %.[26]

Die vielleicht ernüchternde Wahrheit lautet: Nichts spricht gegen eine europäische Identität. Ja, wir sollten sie stärken! Zugleich aber kann sie eben nicht ex cathedra verordnet werden. Europa ist keine identitäre Tabula rasa. Zur Vorsicht rät hier nicht zuletzt Richard Bellamy vom Europäischen Hochschulinstitut: »Ein europäisches Regime zu errichten in der Hoffnung, ein solches könne die Bedingungen für ein europäisches Volk generieren, erweist sich nicht nur als unpraktikabel ohne ein inakzeptables Ausmaß von Dominanz, sondern auch als ungerechtfertigt und unnötig. Ungerechtfertigt, weil es fälschlicherweise davon ausgeht, dass sich die Bürger von Mitgliedsstaaten außerhalb einer konstitutionellen und souveränen politischen Ordnung befinden. Die Bürger aber haben sich bereits als Völker in souveränen politischen Organisationen konstituiert, die ihnen wertvoll erscheinen.«[27] Mit welchem Recht wäre ihnen denn diese Identität, nur aufgrund einer vagen Spekulation auf einen abstrakten Souveränitätsgewinn auf übergeordneter Ebene, zu entziehen?

Dies sind die grundsätzlichen Widersprüche, mit denen sich die Befürworter eines europäischen Föderalismus auf Basis der Abschaffung der Nationalstaaten auseinandersetzen müssten. Doch auch die konkreten politischen Maßnahmen, die die große Vision unterfüttern sollen, enthalten bei genauerer Betrachtung ein nicht zu unterschätzendes Risikopotenzial. Auf den ersten Blick klingen Forderungen nach einer stärkeren Demokratisierung des Europäischen Parlaments oder nach einer stärkeren Handlungsfähigkeit der Europäischen Union sehr vernünftig. Das Europäische Parlament ist die einzige direkt gewählte übernationale parlamentarische Versammlung und in der Tat eine zivilisatorische Errungenschaft. Weshalb also sollte die Kommission nicht von einem direkt gewählten Parlament kontrolliert werden? Ist nicht gerade die bislang unmögliche Abwahl europäischer Verantwortungsträger eines der großen demokratischen Defizite? Doch die Antwort ist nicht so leicht und eindeutig, wie sie zunächst erscheint. Denn die Befürworter einer solchen vermeintlichen Demokratisierung der EU auf Kosten der Mitgliedsstaaten überschätzen die positive Wirkung eines solchen Schrittes und übersehen den politischen Sprengstoff, den eine solche Politik birgt.

Ein gewichtiges Argument gegen die vorgeschlagene Parlamentarisierung der EU wird vom deutschen Europarechtler und ehemaligen Richter am Bundesverfassungsgericht, Dieter Grimm, vorgebracht. Für ihn besteht das grundsätzliche Demokratieproblem Europas in der Konstitutionalisierung der Europäischen Verträge. Frühere Entscheidungen des Europäischen Gerichtshofs haben die Gründungsverträge der Europäischen Union letztlich in den Rang einer europäischen Verfassung erhoben. Anders als Verfassungen in nationalen Kontexten jedoch regeln die Europäischen Verträge nicht lediglich Verfahren und Kompetenzen von politischen Institutionen, sondern aufgrund ihrer Entstehungsgeschichte jeweils auch konkrete und detaillierte politische Detailfragen. »Die Europäischen Verträge, die vom EuGH konstitutionalisiert worden sind, sind voll von dem, was in den Mitgliedsstaaten einfaches Gesetzesrecht wäre«, erläutert Grimm. »Man muss sich das so vorstellen, als ob das gesamte Handelsgesetzbuch im Grundgesetz stünde. Damit sind sie aber dem Einfluss der Politik entzogen.« Angesichts der Schwierigkeit, Vertragsänderungen, für die Einstimmigkeit erforderlich ist, umsetzen zu können, haben Europäischer Rat und Europäisches Parlament schlichtweg »keine Chance, etwas zu ändern«.[28] Daran jedoch würden auch die Direktwahl der Kommission, europäische Parteien, europäische Listen im Europäischen Parlament oder europäische Spitzenkandidaten nichts Grundsätzliches ändern – so sinnvoll diese Vorschläge auch erscheinen mögen.

Zu bilanzieren ist: Direkte Demokratie auf Grundlage kontinuierlicher Mehrheitsentscheidungen auf europäischer Ebene kann lediglich das Resultat einer wirklich europäischen Öffentlichkeit sein, nicht ihr Geburtshelfer. Im Gegenteil, letztlich könnte die voreilige Einführung dieser Funktionen lediglich eine Erwartungshaltung der Bürgerinnen und Bürger erzeugen, die an der europäischen Realität scheitern müsste.

Doch noch ein weiteres Argument gegen eine stärkere Demokratisierung durch Mehrheitsentscheidungen auf europäischer Ebene ist kaum von der Hand zu weisen: So frustrierend eine Politik des kleinsten gemeinsamen Nenners als Folge des Gemeinschaftsmodells europäischer Politik oft auch erscheinen mag, so sehr erscheint doch gerade die Rücksichtnahme auf Sonderinteressen als genau der Kitt, der Europa bislang zusammengehalten hat.

Sicher, aus Berliner Perspektive mag man eine Stärkung europäischer Handlungsfähigkeit durch Ausweitung von Mehrheitsentscheidungen für sinnvoll erachten. Schließlich liefe die Bundesregierung dann nicht Gefahr, in zentralen Fragen überstimmt zu werden. Oder etwa doch? Wie verhielte sich Berlin in dem theoretischen Fall einer südeuropäischen Mehrheit für die Einführung von Eurobonds? Würde sich die Bundesregierung in einem solchen Fall dem europäischen Souverän unterwerfen? Nein, tatsächlich dürften die Fliehkräfte Europas in genau dem Maße zunehmen, wie einheitliche Politik durch Mehrheitsentscheidungen in politischen Kernfragen auf die Agenda gesetzt wird. Denn der Anspruch der Einheitlichkeit müsste an der Realität grundverschiedener Vorstellungen über die Rolle des Staates und die des Marktes zerschellen. Heterogene konstitutionelle Demokratien wie etwa die Schweiz, Belgien oder Kanada, die über einen historischen Erfahrungsschatz in der Bearbeitung von ideologischen, kulturellen und ökonomischen Gräben verfügen, haben vor diesem Hintergrund bewusst darauf verzichtet, die Zentralregierung mit einer rein auf Mehrheitsmandaten beruhenden Machtfülle auszustatten. Eine Europäische Union, die diese Lehren in den Wind schlägt, sähe sich über kurz oder lang mit einem Gegenwind konfrontiert, der die Existenz der Union selbst aufs Spiel setzen dürfte.

Gesucht: Eine vernünftige Europäisierung

Was also ist zu tun? Wie umgehen mit dem bestehenden Dilemma, dass die Union sich in Kernpunkten entweder vertiefen oder sich als handlungsunfähig erweisen muss? Tatsächlich existiert ein alternativer Weg, der eben nicht auf der Zerschlagung der Nationalstaaten beruht, zugleich aber auch nicht einen Lobgesang auf die Überwindung der Europäischen Union anstimmt. Als wegweisend erweist sich hier das Urteil des Bundesverfassungsgerichts zum Lissabon-Vertrag aus dem Jahr 2009. Die Richter unterstreichen darin, dass die Einrichtung eines europäischen Bundesstaats vom Grundgesetz nicht gedeckt ist. Dabei erinnern sie auch und gerade bekennende europäische Föderalisten daran, dass das Grundgesetz »die europäische Vereinigung auf der Grundlage einer Vertragsunion souveräner Staaten« nur dulde, solange in den Mitgliedstaaten »ausreichender Raum zur politischen Gestaltung der wirtschaftlichen, kulturellen und sozialen Lebensverhältnisse« bestehen bleibe. Deshalb seien die für Deutschland handelnden Organe nicht ermächtigt, »durch einen Eintritt in einen Bundesstaat das Selbstbestimmungsrecht des deutschen Volkes in Gestalt der völkerrechtlichen Souveränität Deutschlands aufzugeben«, so das Urteil des Bundesverfassungsgerichts im Wortlaut.[29] Eine Wahl der Europäischen Kommission allein durch das Europäische Parlament würde »ohne demokratische Rückbindung in den Mitgliedsstaaten einer hinreichenden Legitimation entbehren«.

Die enthusiastischen Fürsprecher der Überwindung der Nationalstaaten zur Errichtung einer »Europäischen Republik« sollten diese höchstrichterliche Mahnung nicht leichtfertig in den Wind schlagen. Dabei wären sie darüber hinaus gut damit beraten, das auch in den Europäischen Verträgen selbst immer wieder beschworene Subsidiaritätsprinzip nicht aus den Augen zu verlieren. Im Vertrag zur Gründung der Europäischen Gemeinschaft bestimmt Artikel 5 Absatz 2, dass die Gemeinschaft »nur tätig [wird], sofern und soweit die Ziele der in Betracht gezogenen Maßnahmen auf Ebene der Mitgliedsstaaten nicht ausreichend erreicht werden können und daher wegen ihres Umfangs oder ihrer Wirkungen besser auf Gemeinschaftsebene erreicht werden können«. Auch der Maastricht-Vertrag von 1992 verpflichtet die Staaten zur »Achtung« dieses Subsidiaritätsprinzips. Vor diesem Hintergrund steht eine Politik, die pauschal dafür plädiert, weite Teile der politischen Gestaltungsaufgaben an die EU zu delegieren, im Widerspruch zu den Europäischen Verträgen selbst.

Was also dann? Wie ist ein Europa zu entwerfen, das die Stärken der Kooperation nutzt, ohne dabei demokratische Prinzipien und die deutlichen Präferenzen der Bürgerinnen und Bürger des Kontinents für ein Beibehalten einer grundsätzlich nationalstaatlich organisierten Ordnung aus den Augen zu verlieren? Ein Ansatzpunkt wäre zunächst die Überwindung eines allzu weit verbreiteten Schwarz-Weiß-Denkens. Die Zukunft Europas liegt nicht in einer Grundsatzentscheidung zwischen der Überwindung der Nationalstaaten zum Zwecke der Etablierung eines europäischen Superstaats einerseits und dem Abwickeln des europäischen Projekts andererseits, wie es rechtspopulistische Kräfte gern behaupten. Die Forderung etwa im Grundsatzprogramm der AfD, »die EU zurückzuführen zu einer Wirtschafts- und Interessengemeinschaft lose verbundener Einzelstaaten«[30], bleibt klar hinter den politischen Erfordernissen zurück und entspricht in keiner Weise dem Auftrag des Grundgesetzes. Anstatt sich in dieser vermeintlichen Zwickmühle zwischen den extremen Positionen zu zerreiben, sollten progressive Parteien vielmehr einen pragmatischen Mittelweg beschreiten. Konstruktive Vorschläge hierfür liegen ebenso vor, wie es einen weitverbreiteten Rückhalt für eine solche mittlere Position in einer Mehrzahl der Mitgliedsstaaten der Europäischen Union gibt. Aufschlussreich sind auch hier die Ergebnisse der Meinungsforschung.

In einer Studie in acht Ländern der Europäischen Union hat die Friedrich-Ebert-Stiftung in den vergangenen Jahren wiederholt untersucht, in welchen Bereichen sich die Bürgerinnen und Bürger des Kontinents mehr nationale bzw. mehr europäische Zuständigkeit wünschen. Die Ergebnisse sind durchaus differenziert und widerlegen die These, dass es in der aktuellen Situation nur ein Entweder-oder geben kann. So finden sich in den acht untersuchten Ländern durchaus deutliche Mehrheiten für ein Mehr an Europa in ausgewählten Politikfeldern. Fragen der Energieversorgung, des Verbraucherschutzes, aber auch der Zuwanderung möchte eine knappe Mehrheit der Europäer eher auf europäischer Ebene geregelt wissen (52 %, 53 % bzw. 54 %). 58 % wünschen sich auch eine europäische Regelung in Fragen des Datenschutzes, ebenso viele eine solche der Handelsbeziehungen mit den USA. 59 % der Befragten sprechen sich dafür aus, die Besteuerung internationaler Unternehmen europäisch zu koordinieren. Die stärkste Mehrheit existiert im Bereich Außen- und Sicherheitspolitik: Hier unterstützen 63 % eine Verantwortlichkeit auf europäischer Ebene. Doch zugleich plädieren 57 % der Befragten dafür, die Rentenpolitik auf nationaler Ebene zu bestimmen. 61 % wünschen sich das in Bezug auf die Arbeitslosenversicherung und 66 % im Bereich der Haushaltspolitik.[31]

In der Summe entsteht also ein vielschichtiges Bild, von dem sich eben nicht eindeutig sagen lässt, dass die Bürgerinnen und Bürger Europas pauschal mehr oder weniger Europa wollen. Sie wünschen sich ein Mehr an Europa gerade dort, wo nationalstaat-

liches Handeln im Alleingang rasch an Grenzen stoßen würde.
Zugleich aber legen diese Zahlen den Schluss nahe, dass die Bürgerinnen und Bürger Europas am Konzept nationalstaatlicher
Verantwortung in zentralen Politikfeldern festhalten. Für die glü-
henden Verfechter eines europäischen Föderalismus stellt dies ein
Problem dar, denn nach der reinen Lehre der *Bicycle Theory* ge-
fährde jeder Rückbau europäischer Kompetenzen zugunsten der
nationalstaatlichen Ebene das gesamte Projekt. In dem Moment,
in dem der Prozess der Vertiefung zum Stillstand komme, falle das
Fahrrad Europa auf die Seite. Doch wie realistisch ist diese Furcht,
wenn die Beibehaltung oder die Stärkung nationalstaatlicher Ver-
antwortlichkeiten durch die Vertiefung europäischer Kompetenzen auf anderen Ebenen ergänzt wird? An dieser Stelle setzt die
Vorstellung eines Europas der verschiedenen Geschwindigkeiten
an, die in europafreundlichen Kreisen völlig zu Unrecht einen
zweifelhaften Ruf genießt.

Zur konkreten Ausgestaltung eines solchen flexiblen Europas
liegen überzeugende Vorschläge vor – ganz abgesehen davon,
dass es durch Euroraum und Schengen-Länder in Teilen bereits
existiert. Derzeit tendieren progressive Akteure zumindest in
Deutschland dazu, ein solches Europa normativ jedoch nur dann
zu akzeptieren, sofern die »Richtung« stimmt und »skeptische«
Staaten einer vertieften Integration zu einem späteren Zeitpunkt
zustimmen. Doch ist dies der Weisheit letzter Schluss? Muss es
nicht auch und gerade darum gehen, Einzelstaaten eine dauer-
hafte Opt-out-Option einzuräumen?

Weshalb sollte man demokratisch gewählten nationalen Parlamenten nicht das Recht gewähren, aus einzelnen Maßnahmen
europäischer Vertiefung auszusteigen, wenn es für diese keine
nationale Mehrheit gibt? Weshalb sollte man sich bei weiterer
Schritten der Vertiefung nicht zunächst etwa einer Zweidrittel-
mehrheit der demokratischen nationalen Parlamente versichern,
wie von Damian Chalmers angeregt?[32] Ein solches Opt-out, basie-
rend auf Voten demokratisch gewählter Parlamente, wäre keine

Rückkehr zu vermeintlich antieuropäischen Impulsen, sondern ein Eingeständnis, dass demokratische Nationalstaaten eben nicht im Widerspruch zur europäischen Einigung stehen, sondern im Gegenteil Letztere erst substanziell tragen. Die Folge solch demokratischer Rückversicherungen wäre eben nicht fehlende Handlungsfähigkeit, sondern eine Stärkung der europäischen Ebene. Auf dieser könnten dann in wechselnden Koalitionen der *wirklich* Willigen Schritte der Vertiefung eingeleitet werden, unter gleichzeitiger Tolerierung der Mitgliedsstaaten, die diese Vertiefung nicht mittragen wollen oder können. Die Folge wäre nicht antieuropäische Einfalt, sondern eine stärkere Vielfalt, die das oft beklagte Demokratiedefizit der Europäischen Union an ihrer Wurzel packen würde.[33]

Dies gilt nicht zuletzt für eine wirklich strukturelle Lösung der anhaltenden Eurokrise. Auch hier wäre zu überlegen, ob die »trügerische Stabilität des Status quo« und das Bestehen auf einem »One Size Fits None«-Ansatz dauerhaft tragfähig sind.[34] Führende Ökonomen wie der US-Nobelpreisträger Joseph E. Stiglitz verweisen seit geraumer Zeit auf die strukturellen Fehlkonstruktionen der Einheitswährung, die kaum einem Mitgliedsstaat wirklich gerecht wird. Stiglitz sieht die Lösung daher dezidiert in einer »flexiblen Eurozone«.[35] Konkrete Vorschläge für eine Lösung erarbeitete auch Fritz W. Scharpf, der in diesem Zusammenhang nicht für ein brachiales Abwickeln des Euro plädiert, sondern für einen »zweistufigen europäischen Währungsverbund«. In diesem würden zwei aneinandergekoppelte Währungsräume den Nationalstaaten größere Flexibilität ermöglichen und zugleich den wirtschaftspolitisch unsinnigen kontinentweiten Zwang zur Homogenität überwinden.[36] Zweifellos wäre auch ein solcher zweistufiger Währungsraum nicht ohne Risiken. Doch er würde einem strukturellen Problem tatsächlich strukturell begegnen.

Sicher würde ein solches Europa der unterschiedlichen Geschwindigkeiten auf absehbare Zeit nicht in eine europäische Föderation münden, wohl aber in eine punktuell engere Zusammenarbeit bei gleichbleibender Souveränität der Mitgliedsstaaten etwa unter dem Dach einer europäischen *Konföderation*. In diese Richtung gehen auch die Überlegungen des Politikwissenschaftlers Richard Bellamy, der für eine republikanische Vereinigung souveräner Staaten plädiert. Diese würde es den Bürgern erlauben, »ihre externe Souveränität in nicht dominierender Weise und in Übereinstimmung mit kosmopolitischen Normen zu regulieren«.[37]

Diese Art einer *vernünftigen* Europäisierung entspräche dem Auftrag des Grundgesetzes, konstruktiv an der europäischen Einigung mitzuwirken, ohne die Bürgerinnen und Bürger des Kontinents durch antidemokratische Bevormundung zu verprellen. Eine Europäische Union hingegen, die die verbreiteten maßvollen nationalstaatlichen Präferenzen ihrer Bewohner nicht akzeptiert, sondern sie ihnen auszutreiben versucht, missachtet nicht nur deren Willen, sondern untergräbt auch das eigene demokratische Fundament. Im Gegenzug dürfte eine Union, die von wachsendem Vertrauen in die Nationalstaaten getragen wird, ebenfalls mit wachsender Legitimation rechnen. Denn nicht durch einen scheiternden Euro könnte die europäische Einigung Schiffbruch erleiden, sondern durch ein Scheitern der Demokratie.

In seiner Regierungserklärung 1969 hatte Willy Brandt sein Anliegen verkündet, »mehr Demokratie wagen« zu wollen, um jedem Bürger und jeder Bürgerin die Möglichkeit einzuräumen, »an der Reform von Staat und Gesellschaft mitzuwirken«. Dieses Ziel bleibt für progressive Politik richtungsweisend. Wer heute jedoch auf europäischer Ebene mehr Demokratie wagen will, kommt an der Einsicht nicht vorbei, dass dies nur gelingen kann, wenn auch und gerade progressive Pro-Europäer bereit sind, mehr Nationalstaat zu wagen.

---

1   Jürgen Habermas: »Die Konstruktionsfehler der Währungsunion«. In: Blätter für deutsche und internationale Politik (Hg.): *Demokratie oder Kapitalismus? Europa in der Krise*. Edition Blätter, Berlin 2013.

2 Robert A. Dahl: *Democracy and its Critics*. Yale University Press, New Haven/London 1989.

3 Michael Ignatieff: *Sovereignty and the Crisis of Democracy*. Demos Lecture, 5. Juni 2013.

4 *Hamburger Programm der Sozialdemokratischen Partei Deutschlands*. S. 17 und S. 13.

5 Laurent Bouvet: »Eine fortschrittliche Vision von Europa«. In: Ernst Hillebrand und Anna Kellner (Hg.): *Für ein anderes Europa*. Dietz, Bonn 2014, S. 24.

6 Peter Mair: *Ruling the Void: The Hollowing of Western Democracy*. Verso, London/New York 2013.

7 Fritz W. Scharpf: »After the Crash: A Perspective on Multilevel European Democracy«. MPIfG Discussion Paper 14/21, Max-Planck-Institut für Gesellschaftsforschung, Köln 2014, S. 3.

8 Jean-Paul Fitoussi und Francesco Saraceno: *The Brussels Frankfurt Washington Consensus. Old and new Trade-Offs in Economics*. Documents de Travail de l'OFCE, 2004, S. 2.

9 Europäische Kommission: *30. Jahresbericht über die Kontrolle der Anwendung des EU-Rechts*. Brüssel 2012.

10 Damian Chalmers: *Democratic Self Government in Europe. Domestic Solutions to the EU Legitimacy Crisis*. Policy Network Paper, 2013.

11 Zitiert nach Ingolf Pernice: *Der Beitrag Walter Hallsteins zur Zukunft Europas*. WHI-Paper 9/01, Berlin 2001.

12 Robert Misik: »Haben wir den falschen Götzen angebetet?« In: Hillebrand und Kellner, op. cit., S. 105.

13 Daniel Seikel: »Verrechtlichung und Entpolitisierung marktschaffender Politik als politikfeldübergreifender Trend in der EU«. In: *Leviathan*, 3/2017, S. 339.

14 Martin Höppner: »Plädoyer für eine aufgeklärte Souveränität«. In: *Makroskop*, 12. Januar 2017, S. 3.

15 Henrik Enderlein: »One Size Fits None«. In: *Central Banking*, XVI.1, August 2005.

16 Seikel, op. cit., S. 346.

17 Ibid., S. 349.

18 Scharpf, op. cit., S. 10.

19 Ibid., S.7

20 Kurt Tucholsky: »Kurzer Abriss der Nationalökonomie«. Im Original erschienen in: *Die Weltbühne*, 15. September 1931.

21 Emmanuel Macron: »Initiative für Europa – Die Rede von Staatspräsident Macron im Wortlaut«. 26. September 2017. https://de.ambafrance.org/

Initiative-fur-Europa-Die-Rede-von-Staatsprasident-Macron-im-Wortlaut

22 Habermas, op. cit.

23 Robert Menasse und Ulrike Guérot: »Europas Wahl«. In: *taz*, 16. Mai 2014.

24 Rede Winston Churchills in Zürich vom 19. September 1946. https://www.cvce.eu/de/recherche/unit-content/-/unit/02bb76df-d066-4c08-a58a-d4686a3e68ff/e8f94da5-5911-4571-9010-cdcb50654d43/Resources#7d-c5a4cc-4453-4c2a-b130-b534b7d76ebd_en&overlay

25 Heidelberger Programm der SPD. 1925.

26 Unveröffentlichte YouGov-Umfrage in sieben europäischen Staaten und den USA (Untersuchungszeitraum Mai und Juni 2017). Dank an Marcus Roberts von YouGov für die Bereitstellung der Ergebnisse.

27 Richard Bellamy: »A European Republic of Sovereign States: Sovereignty, Republicanism and the EU«. In: *European Journal of Political Thought,* Juni 2016, S. 17.

28 Dieter Grimm: »Es wäre nicht hilfreich, die EU zu parlamentarisieren«. In: *Internationale Politik und Gesellschaft,* 15. März 2017.

29 BVerfG: Urteil des Zweiten Senats vom 30. Juni 2009 – 2 BvE 2/08 – Rn. (1–421). http://www.bverfg.de/e/es20090630_2bve000208.html

30 *Grundsatzprogramm der Alternative für Deutschland,* Seite 16.

31 Friedrich-Ebert-Stiftung: »Was hält Europa zusammen? Die EU nach dem Brexit«. Eine repräsentative Acht-Länder-Studie, durchgeführt von *policy matters.* Berlin 2017.

32 Chalmers, op. cit.

33 Dominika Biegoń: »Warum das Festhalten an der Einheit Europas falsch ist«. In: *Neue Gesellschaft/Frankfurter Hefte,* 12/2017.

34 Björn Hacker und Cedric M. Koch: *Reformdiskurse zur Eurozone. Kontinuität, Ausbau oder Rückbau in der deutschen Debatte.* Friedrich-Ebert-Stiftung, 2016.

35 Joseph E. Stiglitz: *The Euro: How a Common Currency Threatens the Future of Europe.* Norton & Co, 2016.

36 Fritz W. Scharpf: »Südeuro. Zur Lösung der europäischen Finanzkrise braucht es zwei verschiedene Eurozonen«. In: *Internationale Politik und Gesellschaft,* 4. Dezember 2017.

37 Bellamy, op. cit., S. 3.

4 Globale Politik und der Nationalstaat

Den derzeitigen Debattenstand unter fortschrittlichen Beobachtern über die globale Rolle der Nationalstaaten könnte man wie folgt zusammenfassen: Im anbrechenden Zeitalter des Anthropozäns sieht sich die Menschheit mit solch massiven globalen Herausforderungen konfrontiert, dass diese nicht mehr länger in egoistischen Alleingängen einzelner Staaten bearbeitet werden können. Zumal neben die Staaten längst zahlreiche neue Akteure getreten sind, die deren Alleinstellungsmerkmale hinterfragen und ihre Handlungsfähigkeit einschränken. Was deshalb benötigt wird, sind globale Lösungen der Weltgesellschaft, im besten Fall umgesetzt durch supranationale Organisationen. Vor diesem Hintergrund ist deshalb nicht so sehr strittig, ob der Nationalstaat nach wie vor ein zentraler Akteur der globalen Politik *ist,* sondern ob er es mittelfristig *sein kann* und *bleiben sollte.*

Trotz des weitgehenden Konsenses über die Dringlichkeit supranationaler Antworten auf bestehende Probleme finden sich derzeit allerdings selbst in akademischen Nischen nur noch selten ernsthafte Plädoyers für eine »Weltregierung«, die sich globalen Herausforderungen auch wirklich *global* zu stellen vermag. Und das, obgleich sich historisch herausragende Fürsprecher – etwa Albert Einstein – durchaus als Kronzeugen anführen lassen. Renommierte Wissenschaftler, wie Alexander Wendt, ein profilierter Theoretiker der internationalen Beziehungen, gehen zwar nach wie vor vom »unvermeidlichen« Entstehen eines Weltstaats aus, aber zeigen sich nüchtern in Bezug auf die unmittelbaren Umsetzungschancen. Ein langfristiger globaler Prozess hin zu einer Kon-

zentration von Macht in immer weniger Institutionen werde eine
Übertragung von Souveränität auf die globale Ebene bestenfalls in
Jahrhunderten, nicht in Jahrzehnten bewerkstelligen.[1]

An die Stelle der hehren Visionen von einer »Weltregierung« ist
in den vergangenen Jahrzehnten das Konzept der »Global Governance« getreten: ein Mehrebenen-Herrschaftssystem, das nicht
auf formaler Hierarchie, sondern eher auf kollektiver Regulierung
durch eine Vielzahl von Akteuren beruht. Thomas G. Weiss, einer
der führenden Experten für das System der Vereinten Nationen,
beschreibt »Global Governance« treffend als Versuch, »regie-
rungsähnliche Dienste in Abwesenheit einer Regierung aufrechtzuerhalten«.[2] Ausgehend von diesem Konzept gilt gerade in progressiven Kreisen als ausgemacht, dass einzelstaatliches Handeln
auf globaler Ebene eher einen Anachronismus darstellt als einen
wünschenswerten Zukunftsentwurf.

So plädieren etwa Richard Falk und Andrew Strauss in der
US-Fachzeitschrift *Foreign Affairs* für einen »demokratischen
Transnationalismus«, in dem demokratische Strukturen auf die
globale Ebene verlagert werden. In einer »globalen parlamentarischen Versammlung« sei der Flickenteppich existierender nationaler Mitbestimmung endlich durch ein demokratisches Forum
auf planetarischer Ebene zu ergänzen, in der alle Menschen eine –
gleichberechtigte – Stimme fänden.[3] In eine ähnliche Richtung
argumentiert der britische Politikwissenschaftler David Held, der
das Endziel einer globalen »kosmopolitischen Regierung« durch
konkrete Reformschritte im bestehenden System der Vereinten
Nationen erreichen will. Held fordert die Einrichtung einer zweiten UN-Kammer unter Einbindung nationaler Parlamente als Er-
gänzung zu einem reformierten UN-Sicherheitsrat, die Aufstel-
lung einer effektiven, international verantwortlichen Streitmacht
zur Konfliktbearbeitung und die fundamentale Stärkung internationaler Gerichtsbarkeit.[4]

Sicher, auch unter progressiven Beobachtern gelten solche
Stimmen heute meist als allzu optimistisch. Doch die grundsätz-

liche Richtung einer demokratischen Verlagerung auf die planeta-
rische Ebene, weg vom Nationalstaat – falls nötig, über Umwege –,
hat zahlreiche Fürsprecher. Nicht zuletzt Jürgen Habermas versteht bekanntlich den europäischen Einigungsprozess *zugleich* als
»entscheidenden Schritt auf dem Weg zu einer politisch verfassten
Weltgesellschaft«.[5]

Auch progressive Beobachter, die diese Zuversicht in Bezug
auf die globale Ebene nicht teilen mögen, begreifen Organisationen wie die EU zumindest als Bollwerk gegen eine Globalisierung,
die von Einzelstaaten nicht allein gestaltet werden kann. »Ohne
Europa«, so warnt etwa der ehemalige EU-Handelskommissar
Peter Mandelson, »werden Großbritannien und die anderen einzelnen Nationalstaaten unseres Kontinents nackt in die Welt der
Globalisierung marschieren.« Die Schwachen, so scheint es, sind
am mächtigsten gemeinsam – ein Festhalten am Nationalstaat sei
deshalb so kurzsichtig wie selbstzerstörerisch.[6]

Ausgehend von diesen Überlegungen soll im Folgenden dahin-
gehend argumentiert werden, dass die Existenz von Problemen,
die nur global bearbeitet werden können, nicht zu dem Schluss
verleiten sollte, politisches Handeln sei *stets* nur auf supranationaler Ebene und unter Überwindung der Nationalstaaten denkbar.
Tatsächlich können globale Lösungen zu globalen Herausforderungen aus normativen und praktischen Gründen in vielen Fällen eben gerade nicht *gegen,* sondern nur mit den bestehenden
Staaten erreicht werden. Dies gilt sowohl für den Bereich der Sicherheitspolitik als auch in Bezug auf nachhaltige ökonomische
Entwicklung und im Hinblick auf eine Einhegung des globalen
Finanzkapitalismus. Darüber hinaus soll daran erinnert werden,
dass auch sogenannte *Global Commons* wie das Weltklima nur
dann effektiv geschützt werden können, wenn die bestehenden
Nationalstaaten dabei eine führende Rolle einnehmen.

Das evidenteste Argument gegen ein Vernachlässigen der Nationalstaaten auf globaler Ebene ist hier – wenig überraschend –
die Frage, welche *realistischen* Alternativen es überhaupt gibt. An-

gesichts des gut dokumentierten Unwillens der großen Mehrheit der Menschheit, ihre Nationalstaaten kurzfristig aufzugeben, wird die Lösung objektiv globaler Probleme auf absehbare Zeit nur in der Form internationaler, zwischenstaatlicher Abkommen möglich sein. Denn wie wahrscheinlich etwa ist derzeit eine von den Freunden einer transnationalen Demokratie erhoffte Fundamentalreform der Vereinten Nationen hin zu einer effektiven demokratischen Weltregierung? Nicht einmal die dringend erforderliche Umgestaltung des UN-Sicherheitsrats ist schließlich derzeit realistisch.

Ganz abgesehen von der geringen Wahrscheinlichkeit der Umsetzung solcher Vorschläge stellen sich jedoch auch konzeptionelle Fragen. Was ist dran an der so verbreiteten Hoffnung auf supranationale Kontrollgewinne? Hier erscheint die Bilanz umso gemischter, je stärker ein konkreter Fall in den Blick genommen wird. Wie zum Beispiel die Europäische Union.

Kann eine von neoliberaler DNA durchwirkte Institution wie die EU den Bürgerinnen und Bürgern tatsächlich einen verlässlichen Schutz gegen einen zunehmend entgrenzten globalen Kapitalismus garantieren? Theoretisch ist dies denkbar. Regulatives Handeln der EU hätte in der Tat weltweite Konsequenzen. Schon heute bestimmen ja europäische Standards faktisch die industriellen Produktionsparameter auf sechs Kontinenten. Doch die ernüchternde Wahrheit lautet, dass zumindest bislang Institutionen wie die EU eher als Globalisierungsbeschleuniger und als Förderer etwa des Freihandels in Erscheinung getreten sind denn als Korrektoren von Entwicklungen, die aus dem Ruder gelaufen scheinen. Das liegt nicht unbedingt am fehlenden Willen der Beteiligten, sondern an den Komplexitäten supranationaler Entscheidungsfindungen, die klaren regulatorischen Bemühungen oft zuwiderlaufen.

Ähnlich wie auf europäischer Ebene hat »negative Integration« auch auf globaler Ebene stets einen entscheidenden Vorteil gegenüber sogenannten positiven, politisch gestaltenden Steuerungsversuchen. Die EU etwa scheiterte wiederholt mit ihrem Versuch, den hochriskanten Handel mit spekulativen Finanzprodukten durch eine Finanztransaktionssteuer einzudämmen – dank staatlicher Vetos aus Großbritannien, Luxemburg und den Niederlanden. Fortschritte wurden am Ende nicht durch gemeinschaftliches Handeln auf supranationaler Ebene, sondern durch das Voranschreiten einer Gruppe von Einzelstaaten möglich. Eine wirkliche Zähmung der Finanzmärkte kann die Union dabei schon deshalb nicht konsequent angehen, weil sie ihre Steuerungsmöglichkeiten durch die Regelung der europäischen Kapitalverkehrsfreiheit weitgehend aus der Hand gegeben hat. Ist angesichts dieser Erfahrungen eine programmatische Umorientierung der EU in Richtung Re-Regulierung der Weltwirtschaft wirklich realistisch? »Die Idee der EU als einer Macht, die besser als die Mitgliedsstaaten in der Lage ist, sich in den Stürmen der Globalisierung zu behaupten und Schutz vor ihnen zu bieten, ist ein schönes Orientierungsangebot«, meint angesichts dieser Bilanz die ehemalige Richterin am Bundesverfassungsgericht, Gertrude Lübbe-Wolff. »Nur taugt es kaum zur Werbung für die Europäische Union, die wir haben.«[7] Wie wahr.

Gewichtige *normative* Fragezeichen hinter suprastaatliche Einheitlichkeit setzt die belgische Politikwissenschaftlerin Chantal Mouffe. Sie erinnert daran, dass die Vision einer transnationalen Demokratie in der Realität nicht von normativen Vorstellungen zu trennen sei, die weltweit eben nicht unbedingt mehrheitsfähig seien: »Die Durchsetzung einer kosmopolitischen Ordnung, in welcher Gestalt auch immer, würde faktisch dazu führen, der ganzen Welt ein einziges Modell aufzuzwingen: das liberaldemokratische«, mahnt Mouffe.[8] Für liberale Demokraten mag dies verlockend klingen, doch sie sind bekanntlich nicht die einzigen Bewohner dieses Planeten, was nicht zuletzt der Aufstieg Chinas eindrücklich in Erinnerung ruft. Während über Mouffes skeptischen – wenn nicht ketzerischen – Hinweis auf normative Heterogenität zu diskutieren wäre, scheinen praktische Effizienzargumente gegen eine angestrebte Einheitlichkeit weltweiter Gouvernanz dagegen weniger strittig.

Zunächst scheinen gerade kleinere Staaten – nicht umfassende Staatsverbünde – besonders befähigt zu sein, globale Marktnischen durch Spezialisierung für sich zu nutzen. Doch als entscheidend erweist sich auch der Aspekt der politischen *Vorlieben,* die in einem dezentralen System besser berücksichtigt werden können.

Weshalb eigentlich stellt die ansonsten von progressiven Kräften stets zu Recht wertgeschätzte Pluralität auf globaler Ebene plötzlich keine Stärke, sondern ein Manko dar? Gesellschaften werden nicht zuletzt von sich zum Teil erheblich voneinander unterscheidenden, auch politischen Präferenzen geprägt – der so erbitterte wie bizarre Streit um die berüchtigten »Chlorhühnchen« im Zusammenhang mit dem Freihandelsabkommen TTIP liefert hierfür ein plakatives Beispiel. Hinter den geführten Auseinandersetzungen stehen grundverschiedene, auch politische Vorstellungen über die Rolle von Markt und Staat. Und über die besteht in der so oft besungenen angeblichen »Weltgesellschaft« eben längst kein Einvernehmen. Auf welchen globalen Standard wäre sich hier also zu einigen?

So betrachtet erscheint der existierende Flickenteppich der so oft beklagten »Kleinstaaterei« auf globaler Ebene zumindest nicht *nur* als Schwäche, sondern auch als Vorzug und als Fähigkeit des Systems, flexibel auf lokale Vorlieben und Notwendigkeiten zu reagieren. Jeder Versuch, politische Steuerungsversuche auf globaler Ebene zu vereinheitlichen, dürfte daher die bekannten Auseinandersetzungen um einheitliche europäische Standards als Sandkastenspiele erscheinen lassen. Francis Fukuyama warnt vor diesem Hintergrund eindringlich davor, dass sich supranationale politische Steuerung auf globaler Ebene im Sinne einer Weltregierung »schnell in eine Monstrosität aus administrativen Kosten und fehlgeleiteten wohlmeinenden Intentionen verwandeln würde. Im Resultat entstünde kein demokratisches *Empowerment,* sondern ein Gefühl der Entmündigung.«[9] Vor dem Hintergrund der bestehenden Schwierigkeiten, schon auf europäischer Ebene Einvernehmen über zentrale Politikfelder herzustellen, erscheint diese Prognose Fukuyamas mehr als stichhaltig.

Doch ist dieser Wettbewerb, der sich auf ökonomischem Gebiet als Stärke darstellen mag, nicht zumindest auf dem Feld der Sicherheit ein gefährlicher Trugschluss? Erfordert nicht zumindest das »Sicherheitsdilemma« ein System kollektiver Sicherheit, wie sie nur eine Einschränkung nationalstaatlicher Souveränität garantieren kann? Immerhin führen sicherheitspolitische Maßnahmen von Einzelstaaten in der Summe stets auch zu verstärkten Risiken und Bedrohungspotenzialen für andere Einzelstaaten. Dieser Einwand ist berechtigt – niemand dürfte bei klarem Verstand für ein anarchisches Weltsystem plädieren, in dem souveräne Staaten nach Gusto ein *ius ad bellum* ausleben. Doch ist dieser Extremfall die einzig realistische Alternative?

Failed States und nichtstaatliche Konflikte

Schon ein oberflächlicher Blick auf aktuelle sicherheitspolitische Herausforderungen auf globaler Ebene bestätigt die Einschätzung, dass heute nicht ein Zuviel, sondern ein Zuwenig an Staatlichkeit das eigentliche globale Problem darstellt. Sicher, das nordkoreanische Atomprogramm bleibt ein im traditionellen Sinne staatliches Sicherheitsproblem ebenso wie Konflikte im Südchinesischen Meer. Doch in der politischen Gegenwart sind dies eher Ausnahmen als Regelfälle. Der Kaukasuskonflikt zwischen Russland und Georgien 2008 war eine der letzten offenen Konfrontationen zwischen staatlichen Streitkräften. Aufschlussreich sind hier nicht zuletzt die Daten des *Uppsala Conflict Data Program,* das über die Entwicklung bewaffneter Konflikte Buch führt und belegt, dass die Anzahl nichtstaatlicher kriegerischer Auseinandersetzungen seit 2011 die Zahl staatlicher Gewaltkonflikte deutlich übertrifft.[10]

Nun wäre dagegen einzuwenden, dass es sich bei zahlreichen

akuten Konflikten zwar nicht um klassische Konfrontationen zwischen Nationalstaaten handelt, dass aber die Konflikte mittelbar mit dem Versuch zusammenhängen, Nationalstaatlichkeit überhaupt herzustellen. Ein Beispiel hierfür wäre der weiterhin schwelende Konflikt im Zweistromland. Dieses Argument ist durchaus stichhaltig. Der Altvater der radikalen Linken, Noam Chomsky, erinnert nicht ohne Grund an die historische »Durchsetzung von Nationalstaatlichkeit durch extreme Gewalt«.[11] Doch es sollte klar sein, dass eine friedliche Beilegung solcher Konflikte auch durch den Versuch der Abwicklung von Nationalstaaten kaum möglich wäre. Dies würde die Versuche der Errichtung von Staatlichkeit nur auf eine andere, nicht weniger blutige Ebene verschieben – wie nicht zuletzt das Beispiel des zerfallenen Jugoslawiens belegt.

Besonderes Eskalationspotenzial kommt den in der Gegenwart verbreiteten eher nichtstaatlichen Konflikten dabei insofern zu, als das internationale System bisher ungenügend auf sie eingestellt ist. Die Charta der Vereinten Nationen spricht in ihrer Präambel vom Gründungsauftrag, »künftige Geschlechter vor der Geißel des Krieges zu bewahren«. In Artikel 1 geben sich die UN den Auftrag, »den Weltfrieden und die internationale Sicherheit zu wahren und zu diesem Zweck wirksame Kollektivmaßnahmen zu treffen, um Bedrohungen des Friedens zu verhüten, Angriffshandlungen zu unterdrücken und Streitigkeiten durch friedliche Mittel beizulegen«. In einer Welt, in der der überwiegende Teil gewaltsamer Konflikte jedoch nicht aus zwischenstaatlichen Auseinandersetzungen besteht, liefert zumindest die UN-Charta lediglich Antworten auf eine Frage, die glücklicherweise kaum noch gestellt wird.

Michael von der Schulenburg, ehemals *Assistant Secretary General* der Vereinten Nationen und lange Zeit einer der hochrangigsten deutschen UN-Diplomaten, plädiert vor diesem Hintergrund dafür, den Nationalstaat nicht als zu überwindende Hürde auf dem Weg zu starken Vereinten Nationen zu bekämpfen, sondern ihn als Kernbestandteil einer stabilen multilateralen

Ordnung zu akzeptieren und zu stärken. Nationalstaat und Vereinte Nationen stehen demnach nicht im Gegensatz zueinander, sondern bedingen sich gegenseitig. Ausgangspunkt der Überlegungen von der Schulenburgs ist dabei die Einsicht, dass globale Ordnung, Sicherheit und Frieden derzeit durch drei Trends unterlaufen werden: erstens durch die Herausforderung der etablierten Nachkriegsordnung durch aufstrebende Mächte und die Frage, wie diese in eine »neue Ordnung« einbezogen werden können; zweitens durch die Marginalisierung der Vereinten Nationen angesichts ihrer Ausrichtung auf zwischenstaatliche Konflikte; und drittens durch den drohenden Zusammenbruch der Nationalstaaten als tragender Säule der globalen Ordnung. In Anbetracht des Anstiegs bewaffneter innerstaatlicher Konflikte, des Zerfalls von staatlicher Autorität und des damit verbundenen Machtzuwachses nichtstaatlicher Gewaltorganisationen müssten die Nationalstaaten wieder eine zentrale Rolle in der Friedenspolitik übernehmen. In dieser Situation gehe es schlichtweg darum, den »Nationalstaat zu retten«, gerade um »die Vereinten Nationen zu bewahren«.[12]

Die Plausibilität dieses Arguments wird deutlich, wenn man sich vergegenwärtigt, dass von sogenannten *Failed States* derzeit eine der größten Bedrohungen für den Weltfrieden ausgeht. Schon 1996 verwies der kanadische Politikwissenschaftler Kalevi Holsti darauf, dass eine der Hauptbedrohungen der Gegenwart nicht mehr »Aggression, Eroberung und das Auslöschen von Staaten« sind, sondern vielmehr der »Zusammenbruch von Staaten«.[13] Unter *Failed States* werden dabei Staaten verstanden, die die Kontrolle über ihr Territorium oder das Gewaltmonopol verloren haben, deren Autorität untergraben ist und die daher nicht fähig sind, öffentliche Dienstleistungen anzubieten. Auch wenn der Begriff umstritten ist – andere sprechen von »Quasi-Staaten« –, dürfte der Befund selbst kaum Kontroversen auslösen, denn die Belege drängen sich geradezu auf. In Libyen, im Jemen, im Sudan etwa ist derzeit zu beobachten, welche gravierenden Konsequenzen ein

Zusammenbruch staatlicher Autorität und Ordnung nicht nur für die unmittelbar betroffenen Regionen und deren Bürger, sondern auch für die Nachbarländer hat.

Auf den Staat kommt es also auch vor dem Hintergrund von ordnungs- und sicherheitspolitischen Überlegungen auf globaler Ebene an. Die Frage dabei ist: Auf was für einen Staat? Gewiss kann die Zukunft nicht in einer Wiedergeburt absolutistischer Souveränität liegen oder darin, als Ziel progressiver Politik das von absoluter Souveränität abgeleitete westfälische Staatssystem auf globaler Ebene etablieren zu wollen. Auch Staaten sind an internationale humanitäre Normen gebunden – und zwar zu Recht. Es muss deshalb darum gehen, den Multilateralismus zu stärken, absolute Souveränität zu überwinden und dabei doch die tragende Säule der internationalen Ordnung – funktionierende Nationalstaaten – zu erhalten und zu stärken. Dem Weltfrieden, so die für manch einen Beobachter vielleicht kontraintuitive Erkenntnis, ist nicht mit der Überwindung des Nationalstaats, sondern mit seiner Stärkung gedient. Thomas G. Weiss spricht hier überzeugend von einer »Mixtur aus Utopie und Macht zur Überwindung von Stagnation und Hoffnungslosigkeit«. Dies wäre ein Ansatz, der die Aufteilung der Menschheit in Nationalstaaten nicht als ewige Wahrheit feiert, aber doch auf ein Mehr an Intergouvernementalismus setzt – also auf die Kooperation von Nationalstaaten innerhalb internationaler Organisationen wie der UN – und auf das Eingeständnis, dass »der Staat für nationale, regionale und lokale Problemlösungen essenziell bleibt«.[14]

Wie wichtig die Rolle der Nationalstaaten tatsächlich ist, zeigt sich dabei auch in der Notwendigkeit, Globalisierungstrends in konstruktive Bahnen zu lenken und eine nachhaltige sozioökonomische Entwicklung voranzutreiben. Dies mag für progressive Kräfte naheliegend erscheinen. Doch für den ökonomischen Mainstream galt dies allzu lange als tabu.

Hyperglobalisierung und das
verlorene Jahrzehnt der Entwicklung

Zurückgehend auf Adam Smith und David Ricardo haben liberale Ökonomen den Staat stets eher als Hindernis denn als Förderer globaler ökonomischer Entwicklung begriffen. »Die unsichtbare Hand des Marktes« werde es richten – so glaubten sie. Das allerdings hinderte jedoch keinen zumal westlichen Staat daran, über Jahrhunderte eifersüchtig über die Verteidigung souveräner Hoheitsrechte in ökonomischen und nichtökonomischen Fragen zu wachen. So verweist der in Cambridge (Großbritannien) Wirtschaftswissenschaften lehrende Ökonom Ha-Joon Chang darauf, dass »die reichen Länder von heute, einschließlich Großbritanniens und der USA, angeblich Heimat des freien Handels und des freien Marktes, dank einer Kombination aus Protektionismus, Subventionen und weiteren staatlichen Maßnahmen« zu Wohlstand gekommen sind.[15] Als Kronzeugen führt Chang dabei eine aufschlussreiche Reihe von Gründungsvätern der USA an. So bestand etwa Alexander Hamilton, der erste Finanzminister der Vereinigten Staaten von Amerika darauf, dass seine »junge Industrie« ohne Protektionismus nicht bestehen könne – eine Position, die auch Abraham Lincoln teilte. Im Zuge des Amerikanischen Bürgerkriegs erhöhte er protektionistische Zölle »auf ein nie da gewesenes Niveau«, während Präsident Ulysses Grant britischen Forderungen nach freiem Handel eine Abfuhr mit der Erklärung erteilte, »in 200 Jahren, wenn Amerika alles aus der Protektion herausgeholt hat, was sie zu bieten hat, wird es den freien Handel auch übernehmen«. Er hatte seine Lektion gelernt. Denn die amerikanische Politik des Protektionismus war in letzter Konsequenz eine reine Kopie eben der Politik, die die Briten hundert Jahre zuvor erfolgreich vorexerziert hatten und die in vielen Bereichen letztlich noch heute entgegen den ideologischen Empfehlungen an Dritte praktiziert wird.

Bis zur Überwindung des Bretton-Woods-Systems in den 1970er-Jahren konnte sich dieses zumindest stillschweigende Akzeptieren einer entscheidenden Rolle des Staates als Entwicklungsakteur halten. Dabei galten nicht zuletzt Kapitalkontrollen, nationale Währungssysteme und Zentralbanken als wichtige Hebel, die die Nationalstaaten dazu befähigen sollten, ihre Wirtschaft zu entwickeln. All das änderte sich jedoch in dem Maße, in dem engere ökonomische Verknüpfungen in eine fast grenzenlose Globalisierung übergingen. In den 1980er-Jahren schwenkte das ideologische Pendel weg von den Regierungen und hin zum Markt – zumindest was die entwicklungspolitischen Empfehlungen an den globalen Süden anging. Ökonomen unterscheiden zwischen »flacher« Bretton-Woods-Integration und der im Anschluss rapide einsetzenden »tiefen Integration« in die Weltwirtschaft, bei der die Unterschiede zwischen Innen- und Handelspolitik weitgehend verwischt wurden. Das Ziel: den Staat möglichst aus der Gleichung entfernen und Handel und Kapital möglichst »unbehelligt« fließen lassen.

Konzeptionell wurde diese Phase der »Hyperglobalisierung« oft mit den Politikempfehlungen des sogenannten Washington-Konsenses in Verbindung gebracht – einer Reihe von Politikempfehlungen des Internationale Währungsfonds (IWF) und der Weltbank, die auf Steuerreformen, Finanz- und Handelsliberalisierung, Privatisierung, Deregulierung, Sicherung von Eigentumsrechten und fiskalische Disziplin abzielten und dabei auf die ältesten Konzepte des Liberalismus zurückgriffen. Die Ergebnisse lassen sich besichtigen.

In der Realität besteht nicht allzu oft die Gelegenheit, eine Politik quasi naturwissenschaftlich auf ihre Wirkung hin zu untersuchen. Das neoliberale Experiment stellt hier eine Ausnahme dar. Denn wie in einer Versuchsanordnung spaltete sich die Entwicklungsgemeinschaft in eine Test- und eine Kontrollgruppe. Eine Reihe von Entwicklungsländern, hauptsächlich in Lateinamerika und Subsahara-Afrika, folgte nolens volens den marktfundamentalistischen Empfehlungen des Washingtoner Konsenses. Die Konsequenzen sind so dramatisch wie eindeutig: In den 1960er- und 1970er-Jahren lag der Zuwachs beim Pro-Kopf-Einkommen Lateinamerikas noch bei rund 3,1 %. Kein Wirtschaftswunder, aber eine Wachstumsrate, die so manch einer westlichen Regierung heute zur Ehre gereichen würde. Allerdings: Mit Einschwenken auf den antistaatlichen Liberalisierungskurs, der angeblich die Kräfte des Marktes freisetzen sollte, sank dieses Wachstum so rapide wie dauerhaft auf 1,1 %.[16]

In Subsahara-Afrika stellte sich die Lage noch weit dramatischer dar: Hier sank das Wachstum beim Pro-Kopf-Einkommen in Zeiten der angeblich so wachstumsfördernden Hyperliberalisierung von 1,6 % gegen Null. Sicher spielten hier auch andere Faktoren eine Rolle, doch Strukturanpassungsprogramme der Weltbank und des IWF zwangen Staaten dazu, ihre ohnehin nur gering ausgeprägte Industrie dem Weltmarkt auszusetzen, was ihren weitgehenden Zusammenbruch beförderte.[17] Die im Rahmen der Liberalisierung durchgesetzten Ausgabenkürzungen der Staaten hatten darüber hinaus langfristig eine Schwächung der ohnehin fragilen Infrastruktur zur Folge und verschärften den bestehenden Wettbewerbsnachteil massiv. Die Folge dieser Politik war das von Entwicklungsökonomen beklagte »verlorene Jahrzehnt der Entwicklung«. Die Politik gegen den Staat erwies sich vielerorts als Politik gegen Entwicklung.

Ganz anders dagegen der Kurs der Kontrollgruppe, allen voran der Volksrepublik China, aber auch Japans, Südkoreas und Taiwans. Sie verschmähten die vermeintlichen neoliberalen Allheilmittel und setzten auf eine staatszentrierte Entwicklung. China bestand stets auf Einfuhrzöllen auf Industriegüter, einem eingeschränkten grenzüberschreitenden Kapitalverkehr, einem Bankensektor, der stark reguliert oder sogar in Staatshand ist, und einer großen Zahl staatseigener Unternehmen, die mit Subventionen und Monopolen geschützt werden. Es ist dieses Rezept eines massiven staatlichen Eingriffs, welches das chinesische Wirtschaftswunder der vergangenen Dekaden ermöglicht hat – allerdings zweifellos ebenso zuvor die katastrophalen staatlichen Fehlgriffe des »großen Sprungs nach vorn«.

Auch Japan verdankt seinen ökonomischen Entwicklungserfolg nach der Niederlage des Zweiten Weltkriegs gerade der Zurückweisung rein antistaatlicher Patentrezepte und einem klaren Fokus auf einer Industriepolitik, in der der Staat eine gewichtige Rolle spielte: Fachleute bezeichneten das Modell noch in den 1980er-Jahren als »Japan Inc.«. Ganz ähnlich auch der zeitversetzte Entwicklungserfolg der sogenannten Tiger-Staaten. Beispiel: Taiwan. Die Republik China setzte auf eine aktive wirtschaftliche Rolle des Staates und auf planwirtschaftliche Elemente – mit durchschlagendem Erfolg. Und in Südkorea betätigte sich der Staat bewusst als Unternehmer: LG und Hyundai etwa, zwei heute weltweit erfolgreiche Megakonzerne, verdanken ihren Erfolg nicht nur staatlichem Protektionismus und Subventionen, sondern auch dem Befolgen staatlicher Entwicklungsempfehlungen. Die drei größten Werften der Welt sind heute Hyundai Heavy Industries, Daewoo Shipbuilding & Marine Engineering und Samsung Heavy Industries. Diese wurden erst Anfang der 1970er-Jahre durch massive Interventionen des Staates zur Schlüsselindustrie entwickelt, während in Deutschland und Europa zigtausend Werft-Arbeitsplätze verloren gingen.

Angesichts der Fülle von Beispielen erklärte Joseph E. Stiglitz in seinem einflussreichen Weltbank-Bericht *Some Lessons from the East Asian Miracle* aus dem Jahr 1996 das »Wunder von Ostasien« damit, dass »die Regierungen die Hauptverantwortung für die Förderung des Wirtschaftswachstums« übernommen hatten.[18] Völlig zu Recht spricht der britische Politikwissenschaftler Colin Crouch angesichts dieser desaströsen Bilanz vom »befremdlichen Überleben des Neoliberalismus« als Ideologie.[19]

Vernünftige Globalisierung: Mehr Staat wagen!

Was also ist die Lehre der vergangenen Dekaden? Einerseits hat die Globalisierung Hunderte Millionen von Menschen aus der Armut geführt und zu enormen Wohlstandsgewinnen beigetragen. Das ist keine Petitesse, sondern ein Wohlstandsgewinn für Milliarden von Menschen (zählt man die neu entstandenen Mittelschichten auch in anderen Ländern hinzu) – eine Entwicklung, die der ehemalige Weltbank-Ökonom Branko Milanović in der sogenannten Elefantenkurve dargestellt hat. Diese Grafik wird unter Ökonomen derzeit gern als »wichtigstes Diagramm unserer Zeit« bezeichnet. Sie belegt nicht nur reale Einkommenseinbußen der Mittelschichten in entwickelten Staaten – eine Triebkraft für die anhaltende populistische Revolte im Westen –, sondern auch massive Globalisierungsgewinne der Armen der Welt.[20] Das aber geschah vor allem dort, wo die Globalisierung in staatliche Entwicklungsstrategien und einen aktiven Nationalstaat eingebettet wurde. Im Gegensatz dazu ist die Bilanz einer Entwicklungsstrategie, die auf weitgehender staatlicher Enthaltsamkeit beruht, durchwachsen bis desaströs. Wirtschaftliche Entwicklung unter weitgehender Umgehung des Staates – das zeigt die Bestandsaufnahme – führt in die Sackgasse.

Doch was folgt daraus? Ist die Konsequenz nun also eine Entglobalisierung? Eine Abwendung von den Märkten und ein Umarmen des Protektionismus? Zumindest bei vielen Wählerinnen und Wählern in den Staaten, in denen die Mittelschicht gravierende Einkommenseinbußen hinnehmen musste, wäre eine solche Politik derzeit durchaus populär. Zwar ist Umfragen zufolge nach wie vor eine Mehrheit in Deutschland prinzipiell von den Vorzügen des Freihandels überzeugt, doch sie schrumpft. Aktuell ist sie auf gerade einmal 56 % abgeschmolzen.[21] Unabhängig vom ideologischen Bekenntnis zum freien Markt wächst auch in Deutschland die Zustimmung zu protektionistischen Maßnahmen. Die jüngste Umfrage des *Edelman Trust Barometer,* die größte globale Unter-

suchung zum Thema Vertrauen in Regierungen, Nichtregierungs-
organisationen, Wirtschaft und Medien, liefert hierzu erstaunliche
Ergebnisse. Demzufolge fordern in Deutschland rund zwei Drittel
der Befragten (66 %) ein Mehr an staatlicher Regulierung und den
»Schutz heimischer Arbeitsplätze und Branchen – auch wenn das
langsameres Wachstum bedeutet«.[22] Ähnlich skeptisch reagiert die
deutsche Öffentlichkeit auf Freihandelsabkommen. Gerade einmal ein Fünftel der Bundesbürger unterstützte das TTIP-Abkom-
men. Der Grund: die nicht ganz unberechtigte Angst vor schlech-
teren Produkt-, Verbraucherschutz- und Arbeitsmarktstandards
sowie das Untergraben demokratisch legitimierter Institutionen
durch eine internationale Schiedsgerichtsbarkeit.[23]

Noch größeres Unbehagen belegen Umfragen in den USA. Hier
erwies sich die Skepsis gegenüber der Freihandelspolitik in Form
des transpazifischen Partnerschaftsabkommens TPP und gegenüber dem nordamerikanischen Freihandelsabkommen NAFTA
bekanntlich als eine der wesentlichen Triebkräfte für den Sieg
Donald Trumps. Während sich unter den Unterstützern Hillary
Clintons eine deutliche Mehrheit für TPP aussprach, versammelten sich die Freihandelsskeptiker hinter Trump – 65 % seiner Un-
terstützer lehnten Freihandelsabkommen als »Worst deals ever«
ab – übrigens in weitgehender Übereinstimmung mit dem demokratischen Sozialisten Bernie Sanders. Auch dieser machte sich
gegen Freihandel stark, und zwar mit ganz ähnlichen Argumenten, mit denen die Kritiker in Europa gegen TTIP Stimmung machten. Ist der Fall also klar? Brauchen entwickelte Industrienationen
mehr Protektionismus in Zeiten, in denen die Werkbank der Welt
nach China ausgelagert wurde?

Natürlich ist genau das nicht so einfach. Denn so gerechtfertigt
die Skepsis in weiten Teilen der Öffentlichkeit gegenüber der praktizierten Hyperglobalisierung der vergangenen Jahre auch ist, so
wenig aussichtsreich erscheinen langfristig die merkantilistisch
inspirierten Rezepte des amerikanischen Präsidenten, zumal dieser seit seiner Amtsübernahme auf eine fragwürdige »Mischung

aus ökonomischem Nationalismus und Neoliberalismus« setzt.[24] Dies nicht zuletzt, weil ein Großteil der Arbeitsplätze eben nicht an China, sondern an die Digitalisierung verloren gegangen ist und Protektionismus erhebliche langfristige Folgekosten nach sich ziehen kann. Gerade für Nationen, deren Wohlstand maßgeblich auf Exporten beruht, könnte ein brachial protektionistischer Kurs schlimme Folgen haben. Doch, darauf verweisen William Mitchell und Thomas Fazi in ihrem Plädoyer *Reclaiming the State*[25], Trumps Souveränitätsanspruch rechtfertigt noch keine Generalanklage gegen den Wunsch nach zunehmender nationaler Kontrolle *per se*.

Was benötigt wird, ist vielmehr ein alternativer Weg, auf dem einerseits die Vorteile der Globalisierung genutzt, andererseits die daraus resultierenden Nachteile für weite Teile der Mittelschichten in den Industrienationen zumindest eingedämmt werden. Politisch kann dies nur in Form einer *Re-Regulierung* durch Stärkung staatlicher Optionen gestaltet werden. Professor Berry Eichengreen, der nach langen Jahren als führender Berater für den IWF eine kritische Position zum Neoliberalismus eingenommen hat, spricht in diesem Zusammenhang überzeugend nicht von einer Rückabwicklung, sondern von einer »Rekalibrierung« der Globalisierung, bei der den Staaten die Fähigkeit zugesprochen wird, die Verknüpfung verschiedener Wirtschaften »so anzupassen, wie es ihnen richtig erscheint«.[26] In eine ähnliche Richtung gehen auch Überlegungen von Heribert Dieter von der Stiftung Wissenschaft und Politik, der im Rückgriff auf Ralf Dahrendorf nicht für eine »Europäisierung«, sondern für eine »Globalisierung à la carte« plädiert.[27]

Doch wie im Detail sollen diese staatlichen Eingriffe gestaltet werden? Hierzu hat wiederum der Harvard-Ökonom Dani Rodrik einige überzeugende Vorschläge erarbeitet. Rodrik verweist auf den bestehenden Gegensatz zwischen fortgesetzter und immer tieferer Globalisierung und demokratischer Handlungsfreiheit. In dem von ihm so bezeichneten »Trilemma der Weltwirtschaft« bestehe ein unvereinbarer Zielkonflikt zwischen voller nationaler Souveränität, Demokratie und Globalisierung. Nur zwei dieser drei Ziele seien politisch erreichbar: »Wir können nicht gleichzeitig Demokratie, nationale Selbstbestimmung und wirtschaftliche Globalisierung betreiben. Wenn wir die Globalisierung weiterführen wollen, müssen wir entweder den Nationalstaat oder demokratische Politik aufgeben. Wenn wir die Demokratie behalten und vertiefen wollen, müssen wir zwischen dem Nationalstaat und internationaler wirtschaftlicher Integration wählen. Und wenn wir den Nationalstaat und Selbstbestimmung bewahren wollen, müssen wir zwischen einer Vertiefung der Demokratie und einer Vertiefung der Globalisierung wählen«.[28] Rodrik plädiert vor diesem Hintergrund für eine »vernünftige Globalisierung« (*sane globalization*), in der die Staaten ihre nationalen Vorlieben eben nicht aufgeben müssen – eine Forderung, der sich auch der französische Präsident Emmanuel Macron auf dem Weltwirtschaftsforum in Davos 2018 zumindest rhetorisch anschloss. Erforderlich sei laut Macron eine »gerechtere, neue Globalisierung«, die neben dem »Antlitz der Offenheit auch das des Schutzes der Schwächsten« möglich mache.[29]

Wie eine solche Form der Globalisierung konkret angestrebt werden kann, hat Rodrik als »Neue Regeln für die Weltwirtschaft« erarbeitet. Diese umfassen (1) das »Einbetten der Märkte in Regierungssysteme«, (2) das Akzeptieren des Nationalstaats als eines Akteurs, der sowohl die Effizienz als auch die Legitimation der Globalisierung stärken kann, (3) das Eingeständnis, dass es den einen Weg zur Entwicklung nicht gibt und (4) dass daher Länder das Recht haben sollten, ihre eigenen Regeln und Institutionen beizubehalten, wenn internationale von nationalen Handelspraktiken abweichen. (5) Davon abgeleitet ergibt sich, dass Staaten kein Recht haben, ihre eigenen Präferenzen anderen Ländern aufzuzwingen. (6) Gleichwohl bleiben weltweite Mindeststandards in Form von weltweiten »Verkehrsregeln« analog dem alten Bretton-Woods-System unabdingbar. (7) Zudem plädiert Rodrik dafür, die Entscheidungsfreiheit der Nationalstaaten auch von ihrer demokratischen Verfasstheit abhängig zu machen.[30] Eine Globalisierung, die in konstruktive Bahnen gelenkt wird – das haben all diese Überlegungen gemein –, beruht nicht auf der Überwindung, sondern auf der Stärkung einzelstaatlicher Kompetenzen.

Besonderer Handlungsbedarf besteht dabei im nach wie vor so boomenden wie riskanten Finanzkapitalismus. Noch ist unvergessen, dass es die Nationalstaaten und somit die Steuerzahler waren, die den Kasinobanken in der globalen Finanz- und Wirtschaftskrise 2008 den Kopf aus der Schlinge zogen. Unter dem Eindruck des Schocks versammelten sich die G20-Staaten auf Einladung Präsident Barack Obamas 2009 in Pittsburgh und verkündeten vollmundig, »die Ära der Verantwortungslosigkeit« beenden zu wollen. Tatsächlich wurden einige Kontrollmaßnahmen eingeleitet, die sowohl die größten Exzesse des Missmanagements als auch das Risiko systemrelevanter Bankencrashs eindämmen sollten. Die deutsche Bundesregierung verweist in diesem Zusammenhang auf 271 »Verpflichtungen zur finanziellen Regulierung und Aufsicht«, auf die man sich verständigen konnte. Darüber hinaus belegt eine aktuelle Untersuchung der Welthandelsorganisation (WTO), dass die G20-Staaten von Oktober 2016 bis Mitte Mai 2017 immerhin *auch* 42 neue restriktive Handelsmaßnahmen wie höhere Einfuhrzölle oder Ursprungsregeln ergriffen.[31]

Jedoch: Diese Schritte sind alles, aber kein Systemwandel. Tatsächlich gilt unter kritischen Ökonomen längst als offensichtlich, dass Formate wie die G20 beim Versuch, die Finanzmärkte auf globaler Ebene einheitlich zu regulieren, weitgehend gescheitert sind. Angesichts dieser Bilanz plädiert etwa Heribert Dieter bewusst dafür, Finanzmärkte zu »renationalisieren« und dabei nationalstaatliche Diversität durch »von Land zu Land maßgeschneiderte Regeln« zuzulassen.[32]

Anders als dies so manche Schlagzeile gerade in der angelsächsischen Presse suggeriert, erleben wir derzeit mit Sicherheit noch kein »Ende der Globalisierung«. Doch eine Art vorsichtiger Paradigmenwechsel hin zu einem Mehr an staatlicher Kontrolle ist durchaus erkennbar. Zugleich belegen aktuelle Trends auch, dass insbesondere die Staaten, die bislang am lautesten das Hohelied der Liberalisierung angestimmt haben, sich in dem Maße eines Besseren besinnen, in dem sie nicht mehr nur als dominierende Subjekte der Globalisierung, sondern zunehmend auch als Globalisierungsobjekte in Erscheinung treten. Für progressive Kräfte muss es deshalb nun endlich wieder darum gehen, die ökonomische Entwicklung zu gestalten, und nicht nur darum, ausgewählte Globalisierungsverlierer durch karitative Initiativen im Nachhinein zu entschädigen.

Als zentral dürfte sich die Rolle von Einzelstaaten dabei nicht zuletzt in ehrgeizigen multilateralen Zukunftsprojekten der Weltgemeinschaft erweisen. Das Pariser Klimaabkommen mit dem Ziel, die globale Erwärmung auf deutlich unter 2,0 °C zu begrenzen, etwa wird nur dann langfristig erfolgreich sein, wenn die 190 Unterzeichnerstaaten ihre Erklärungen wirklich umsetzen, nicht aber, wenn den Unterzeichnern ihre nationale Handlungsfähigkeit genommen wird. Das positive Potenzial kooperierender Staaten zum Schutz solcher »Common Goods« wie des Weltklimas belegen nicht zuletzt historische Vorläufer wie das Montreal-Protokoll. Dieses wurde 1987 in Wien unterzeichnet und stoppte die Ausbreitung des Ozonlochs durch staatliches Engagement zur Reduzierung des FCKW-Ausstoßes.

Auch das Schicksal der 2015 als Nachfolger der Millenniumsentwicklungsziele verkündeten »Ziele für nachhaltige Entwicklung« (*Sustainable Development Goals* – SDGs) beruht unmittelbar auf der Handlungsfähigkeit und -bereitschaft der Einzelstaaten. Die 17 Entwicklungsziele und ihre 169 Zielvorgaben zur »Befreiung der Menschheit von der Tyrannei der Armut« appellieren schließlich nicht von ungefähr dezidiert an »alle Mitgliedsstaaten, ambitionierte nationale Antworten zur Umsetzung der Agenda zu entwickeln«.[33] Auch die SDGs werden nicht ohne die Nationalstaaten zu erreichen sein, sondern nur mit ihnen.

Der Erkenntnis, dass globale Gerechtigkeit, Entwicklung, Sicherheit und Frieden zumindest auf absehbare Zeit nicht *gegen,* sondern nur *mit* dem Nationalstaat erreicht werden können, sollte sich gerade eine zu Idealismus neigende Linke nicht verschließen. Diesen Schluss jedenfalls legt nicht nur ein Rückblick auf die vergangenen Dekaden nahe, sondern auch eine realistische Bestandsaufnahme der Herausforderungen von Gegenwart und Zukunft. Ein Mehr an Steuerung einer ungleichen Globalisierung, ein Mehr an globaler Sicherheit, aber auch ein Mehr an internationaler Kooperation und Entwicklung wird nicht durch ein Weniger an Staat zu haben sein. Deshalb ist der Nationalstaat nicht Hindernis, sondern Ausgangspunkt einer wirklich internationalistischen, demokratischen, gerechten und entwickelten Weltordnung.

1   Alexander Wendt: »Why a World State is Inevitable«. In: *European Journal of International Relations,* Volume 9/4, 2003.

2   Thomas G. Weiss: *Governing the World? Addressing Problems Without Passports.* Routledge, 2016, S. 10.

3   Richard Falk und Andrew Strauss: »Towards Global Parliament«. In: *Foreign Affairs,* Januar/Februar 2001.

4   David Held: »Democracy and the New International Order«. In: Daniele Archibugi und David Held (Hg.): *Cosmopolitan Democracy. An Agenda for a New World Order.* Cambridge 1995.

5   Jürgen Habermas: *Zur Verfassung Europas. Ein Essay.* Suhrkamp, Berlin 2011, S. 40.

6   Peter Mandelson: »Peter Mandelson's Speech on a New Consensus for Europe«. In: *The Guardian,* 14. Juni 2005.

7   Gertrude Lübbe-Wolff: »Ein Narrativ für die Europäische Union?« In: *Frankfurter Allgemeine Zeitung,* 6. Januar 2018.

8   Chantal Mouffe: *Über das Politische. Wider die kosmopolitische Illusion.* Suhrkamp, 2007, S. 135.

9   Francis Fukuyama: »Capsule Review of ›Democracy and the Global Order: From the Modern State to Cosmopolitan Governance‹ by David Held«. In: *Foreign Affairs,* Juli/August 1996.

10 Uppsala Conflict Data Program: Number of Conflicts 1975–2016. http://ucdp.uu.se/

11 Julie Franck und Jean Bricmont: *Chomsky Notebook*. Columbia University Press, 2010, S. 47.

12 Michael von der Schulenburg: *On Building Peace. Rescuing the Nation-State and Saving the United Nations*. Amsterdam 2017, S. 22.

13 Kalevi Jaakko Holsti: *The State, War, and the State of War*. Cambridge University Press, 1996.

14 Thomas G. Weiss: *What's Wrong with the United Nations and How to Fix It*. Cambridge Polity Press, 2008, S. 224.

15 Ha-Joon Chang: *23 Lügen, die sie uns über den Kapitalismus erzählen*. C. Bertelsmann, München 2010.

16 Ibid.

17 Ionel Zamfir: *Afrikas Wirtschaftswachstum: Durchstart oder Verlangsamung?* Wissenschaftlicher Dienst des Europäischen Parlaments, Januar 2016.

18 Joseph E. Stiglitz: »Some Lessons from the East Asian Miracle«. In: *The World Bank Research Observer*, Volume 11/2, 1996, S. 151–177.

19 Colin Crouch: *Das befremdliche Überleben des Neoliberalismus. Postdemokratie II*. Suhrkamp, Berlin 2011.

20 Branko Milanović: *Global Inequality. A New Approach for the Age of Globalization*. Belknap Press. 2016.

21 Martin Greive: »Deutsche sind ein Volk von Globalisierungs-Skeptikern«. In: *Die Welt*, 15. Juli 2016.

22 Edelman Deutschland: »Sonderumfrage Trust Barometer2017: Deutsche entziehen Institutionen massiv Vertrauen.«, 29. August 2017. https://www.edelmanergo.com/newsroom/studien-insights/sonderumfrage-trust-barometer-2017/

23 Bertelsmann Stiftung: *Einstellungen zum globalen Handel und TTIP in Deutschland und den USA*. Gütersloh 2016.

24 Hans Kundnani: »Die verkaufte Wahl: Trump, Brexit und der nationale Neoliberalismus«. In: *Blätter für deutsche und internationale Politik*. 2/2018, S. 67 ff.

25 William Mitchell und Thomas Fazi: *Reclaiming the State. A Progressive Vision of Sovereignty for a Post-Neoliberal World*. Pluto Press, 2017, S. 3 ff.

26 Zitiert in Goodhart, op. cit., S. 91.

27 Heribert Dieter: *Globalisierung à la carte: Demokratie, Nationalstaat und die Zukunft europäischer und globaler Zusammenarbeit*. Schriftenreihe der BpB (Bd. 10146), Bonn 2017.

28 »Rodriks unmögliches Dreieck«. In: *Frankfurter Allgemeine Zeitung,* 28. März 2011.

29 »Staatspräsident Macron in Davos: Für eine Globalisierung, die auch schützt«. 24. Januar 2018. https://de.ambafrance.org/Staatsprasident-Macron-in-Davos-Fur-eine-Globalisierung-die-auch-schutzt

30 Dani Rodrik: *Straight Talk on Trade. Ideas for a Sane World Economy.* Princeton University Press, 2018, S. 222 ff.

31 World Trade Organization: *Report on G20 Trade Measures.* 30. Juni 2017. https://www.wto.org/english/news_e/news17_e/g20_wto_report_june 17_e.pdf

32 Dieter, op. cit., S. 26.

33 United Nations General Assembly: *Resolution adopted by the GA on 25 September 2015, 70/1. Transforming our World: The 2030 Agenda for Sustainable Development.* New York 2015, S. 33.

5 Fazit und Ausblick: Ein linkes Lob der Nation

Nicht wer Visionen, sondern wer *keine* Visionen hat, soll zum Arzt gehen. Mit diesem abgewandelten Helmut-Schmidt-Zitat könnte man den in progressiven Kreisen dominierenden Zeitgeist auf den Punkt bringen: Visionen sind – wieder – »in«. Vor dem Hintergrund der anhaltenden populistischen Revolte von rechts und von links gegen ein technokratisch-alternativloses Politikverständnis – so die Annahme – müsse es nun darum gehen, die Verunsicherung weiter Bevölkerungsteile durch »eine neue progressive Erzählung« zu kontern – wie etwa Thomas Beschorner im *Spiegel* forderte.[1] Mit überzeugenden »Narrativen« müssten Sorgen entkräftet und Zuversicht auf eine bessere Zukunft vermittelt werden.

Das ist durchaus einleuchtend. Ohne fortschrittliche Vision muss Politik im Status quo verharren – keine schönen Aussichten für progressive Kräfte. Doch zu fragen ist zweierlei: Geht es den Bürgerinnen und Bürgern gerade im wohlhabenden Mitteleuropa derzeit mehrheitlich um das Versprechen einer goldenen Zukunft? Oder erhofft sich zumindest ein Großteil der Bevölkerung von der Politik derzeit eher den Einsatz für die Aufrechterhaltung einer sicheren *Gegenwart?* In einer solchen Situation täte eine positive »Vision« gut daran, eine Erzählung der Sicherheit zu beinhalten. Zweitens aber ist zu fragen, weshalb die Suche nach einem überzeugenden Narrativ der Sicherheit *und* des Fortschritts gerade in der linken Mitte einen so offensichtlichen blinden Fleck aufweist. Progressive Politik auf der Suche nach einer Klammer, die Gerechtigkeit, Sicherheit, Partizipation und nachhaltige Solidarität vereint, muss konzeptionell eben nicht zwingend in die Ferne schweifen. Vielmehr sollte sie sich eines bestehenden Narrativs bedienen, das für die weit überwiegende Mehrheit der Menschen nach wie vor von zentraler Bedeutung ist: das des demokratischen Nationalstaats. Was Letzterer auf globaler, europäischer und nationaler Ebene im Hinblick auf die oben erwähnten klassischen sozialdemokratischen Werte zu leisten vermag, war Gegenstand der bisherigen Ausführungen.

Dabei wurde versucht zu zeigen, dass sich der etablierte Wohlfahrtsstaat nicht grenzenlos ausdehnen, sondern nur aufrechterhalten lässt, wenn Migration gesteuert, das heißt auch: begrenzt wird – so wie es etwa Kanada mit seinem Dreiklang aus Auswahl, Restriktion und Großzügigkeit praktiziert. Die sozialdemokratischen Kernanliegen Solidarität und Partizipation können dabei nur auf der Basis eines ausbuchstabierten »Wir« verwirklicht werden, das eben nicht auf planetarischer Ebene angesiedelt wird, sondern auf derjenigen des Nationalstaats, in dem sich alte und neue Staatsbürger gleichberechtigt begegnen. Eine forcierte Entnationalisierung der Gesellschaft, wie sie von manch einem Progressiven derzeit immer wieder gefordert wird, würde einer schleichenden Entsolidarisierung den Weg bereiten, in der so etwas wie eine politische Gemeinschaft gar nicht mehr existiert.

Auch auf europäischer Ebene hängt die Zukunft eines demokratischen Kontinents von den bestehenden Nationalstaaten und der Bereitschaft gerade der überzeugtesten Pro-Europäer ab, den Nationalstaat nicht als zu überwindendes Hindernis, sondern als Basis einer nachhaltigen europäischen Einigung zu begreifen. Ein *konföderiertes* Europa, das auf Vertiefung in einigen Politikfeldern, aber zugleich auch die Stärkung nationaler Wahlmöglichkeiten in anderen Bereichen setzt, wäre keine »Europäische Republik«, aber deshalb noch lange kein Hort des Chauvinismus. Im Gegenteil: Aller Wahrscheinlichkeit nach wäre ein solches Europa statt *populistisch* schlichtweg *populär*. In einer Situation, in der die neoliberale Wirklichkeit der Eurorettungs-Union sich immer mehr von den erhabenen Visionen eines sozialen Europas abhebt, ist es nicht der »One-Size-Fits-None«-Ansatz eines verordneten Brüssel-Konsenses, der einen Ausweg aus den multiplen Krisen des Kontinents bietet. Vielmehr geht es um eine *vernünftige* Europäisierung, die unterschiedliche Präferenzen und Erfordernisse der Mitgliedsstaaten akzeptiert. Der Versuch, einen europäischen *Demos* durch Kompetenzverlagerung auf das Europäische Parlament gleichsam mit der Brechstange zu erzwingen, hingegen dürfte die Fliehkräfte der Union in dem Maße verstärken, in dem Vereinheitlichung auf die Agenda gesetzt wird. Wer auf europäischer Ebene mehr Demokratie wagen will, muss vor allem wagen, mehr Nationalstaatlichkeit zuzulassen.

Auch auf globaler Ebene – so wurde auf den zurückliegenden Seiten argumentiert – hat sich in Zeiten der Globalisierung letztlich nur der Nationalstaat als demokratisch legitimierter und handlungsfähiger Akteur erwiesen. Gerade aus sicherheitspolitischen Erwägungen heraus wird er dringend benötigt. In einer Welt, in der Bedrohungen nicht in erster Linie durch aggressive Staatlichkeit, sondern durch das Fehlen von Staatlichkeit zutage treten, ist ein internationales System, das auf Friedenserhalt und Interessensausgleich angelegt ist, auf Nationalstaaten als tragende Säulen angewiesen. Dem Frieden auf der Welt ist deshalb nicht mit der Überwindung des Staates, sondern mit dessen friedlicher Stärkung gedient. Globale Organisationen stehen dabei eben gerade nicht im Gegensatz zum Nationalstaat. Ihre Handlungsfähigkeit und die der Staaten bedingen sich vielmehr gegenseitig. Wer die Vereinten Nationen bewahren will, muss die Nationalstaaten stärken.

Hinzu kommt, dass nur der Nationalstaat überhaupt mit einiger Aussicht auf Erfolg versuchen kann, Gerechtigkeit auf lokaler und globaler Ebene zu fördern und das Schalten und Walten des globalen Kapitalismus in Bahnen zu lenken, die der sozioökonomischen Entwicklung von Gesellschaften dienlich sind. Die positiven Effekte der Globalisierung konnten bislang vor allem dort realisiert werden, wo sie in starke Staatlichkeit eingebettet wurde. Dabei zeigt sich auch: Nur auf der Ebene von Nationalstaaten können global vereinbarte Standards wirklich durchgesetzt werden. Und was sind denn G7, G20, die Institutionen der ökonomischen Governanz, wenn nicht Foren der Zusammenarbeit souveräner und im besten Fall demokratisch legitimierter Staaten? Und was sind die Vereinten Nationen, wenn nicht die Gemeinschaft handlungsfähiger Nationalstaaten?

Der starke Staat als progressive Erzählung

Eine solche Rückbesinnung auf den starken Staat als progressives Politiknarrativ ist weder eine Absage an ein handlungsfähiges Europa noch eine an multilaterale Lösungen auf globaler Ebene. Im Gegenteil: Sie ist deren Voraussetzung. Eine Rehabilitierung des Staates ist daher kein Ausverkauf aufklärerischer Normen, sondern eher eine Wiederentdeckung von Werten, wie sie progressive politische Kräfte in der Vergangenheit stets *auch* vertraten. Es scheint heute fast vergessen zu sein, doch es war gerade die deutsche Sozialdemokratie, die über weite Strecken eben *kein* gespaltenes Verhältnis zur Nation hatte. »Vaterlandslose Gesellen« – das war stets eine Polemik der Rechten gegenüber den Sozialdemokraten, nicht aber deren Selbstbeschreibung.

Schon Herbert Wehner verstand unter Nation auch und gerade »das Volk als politische Willensgemeinschaft«, während Willy Brandt 1966 daran erinnerte, dass »Demokratie und Nation keinen Widerspruch« darstellten. Für Brandt war »Patriotismus als zugleich europäische und weltpolitische Aufgabe« in einer Welt selbstverständlich, in der »die Nation eine primäre Schicksalsgemeinschaft« bleibt. Auch deswegen müsse gerade die Linke »ja sagen zum Vaterland«.[2]

Die in der Vergangenheit über weite Strecken grundsätzlich positive Haltung der deutschen Sozialdemokratie zur Nation und zum Nationalstaat war dabei durchaus auch strategischen Überlegungen geschuldet. So erklärt sich etwa die Idee einer von beiden deutschen Staaten getragenen kulturellen »Nationalstiftung«, die Günther Grass einst in die Diskussion einbrachte, mit der Befürchtung, »die nationale Abstinenz linker und liberaler Kräfte« könne ein »Vakuum« entstehen lassen, das »von rechts aufgefüllt« werde.[3] Diese Befürchtung trieb auch Willy Brandt um, der 1987 darauf hinwies, dass »die Sache der Nation – in friedlicher Gesinnung und im Bewusstsein europäischer Verantwortung – von Anfang an bei der demokratischen Linken besser aufgehoben [ist] als bei anderen«.[4]

Tatsächlich errang gerade die linke Mitte stets dann gesellschaftliche Mehrheiten, wenn sie Gerechtigkeit und das Erbe des Internationalismus mit einem offenen Bekenntnis zum starken Nationalstaat verknüpfte. Olof Palme hatte das im schwedischen »Volksheim« ebenso erkannt wie Willy Brandt. Nicht von ungefähr zog dieser 1972 mit einer Losung ins Kanzleramt ein, der heute wahrscheinlich AfD-Nähe unterstellt würde: »Stolz sein auf unser Land«. Der ungewohnte Klang solcher Töne aber belegt nicht die Überkommenheit der Positionen einstiger sozialdemokratischer Größen, sondern eher die Abgehobenheit manch eines progressiven Beobachters der Gegenwart, der diesen Konzepten – und vergleichbaren Formulierungen im deutschen Grundgesetz – nur noch mit Skepsis, Spott oder wütender Ablehnung begegnen kann. Von einer Mehrheit der Bevölkerung abgelehnt wird derzeit aber nicht die Nation, sondern in erster Linie die politischen Kräfte, die die Nation pauschal überwinden wollen. Wie eine Volkspartei sich durch eine Absage an die Nation von der Gesellschaft entfremden kann, belegt nicht zuletzt die Geschichte der deutschen Sozialdemokratie im Vorfeld der Vereinigung beider deutscher Staaten, als die grundsätzliche Skepsis der Parteiführung gegenüber der verbreiteten Vereinigungseuphorie die Partei in einem zentralen Politikfeld von der gesellschaftlichen Grundstimmung entkoppelte.

Außerhalb Deutschlands haben progressive Kräfte dies durchaus erkannt und wissen emanzipatorische Anliegen mit dem Sicherheitsversprechen des Nationalstaats zu verbinden – ohne dabei in Chauvinismus zu verfallen. Nicht zuletzt US-Präsident Obama hat nie Zweifel an seinem Patriotismus aufkommen lassen. Sein kometenhafter Aufstieg an die Spitze der Demokratischen Partei ist im Gegenteil ein Lehrstück für die Verbindung eines progressiven Patriotismus mit dem Engagement für gesellschaftliche Solidarität. »Es gibt kein liberales Amerika und kein konservatives Amerika, sondern nur die Vereinigten Staaten von Amerika«, schrieb er seinen Wählern auf dem Parteitag der US-Demokraten 2004 ins Stammbuch und beendete seine Ansprache mit einem wahren Lobgesang auf das Prinzip Hoffnung als »Grundstein dieser Nation«.

Skeptiker mögen über diese theatralischen Töne die Nase rümpfen, doch war es gerade das offensive Umarmen patriotischer Empfindungen, dieses »brillante politische und philosophische Manöver«, das eine progressive Transformation des Patriotismus aufseiten der Linken ermöglichte.[5] Eine Linke, die diese positive Grundhaltung zur Nation und zum starken Staat nicht nur vernachlässigt, sondern aktiv zu überwinden sucht, stellt sich gegen gesellschaftliche Mehrheiten – und gegen die eigenen Wähler, wie sich derzeit an der dramatischen Selbstabschaffung weiter Teile der linken Mitte in Europa beobachten lässt.

»It's (not) the economy, stupid«

Für Mitte-Links-Parteien hagelte es in den vergangenen Jahren Niederlagen etwa in Italien, Irland, in den Niederlanden, in Frankreich und in knapp einem Dutzend weiterer europäischer Länder – ganz zu schweigen von der Niederlage der deutschen Sozialdemokraten bei der Bundestagswahl 2017. Als Resultat dieses Absturzes der europäischen Linken wird derzeit kaum noch ein EU-Mitgliedsland von der linken Mitte regiert. Waren noch vor einem Jahrzehnt Sitzungen des Europäischen Rats fast identisch mit Familientreffen der Sozialistischen Internationalen, so treten

Sozialdemokraten heute im besten Fall als Vorsteher einer Minderheitsregierung oder als Juniorpartner in Erscheinung. Allein Portugal und die Mittelmeerinsel Malta werden derzeit (Stand Februar 2018) noch von einem Sozialdemokraten ohne Koalitionspartner regiert. Selbst in Schweden, dem traditionellen Kernland der europäischen Sozialdemokratie, schwächelt die linke Mitte und kann nur noch eine Minderheitsregierung anführen. Ganz zu schweigen von Ostmittel- und Osteuropa. Dort liegt die Unterstützung für Mitte-Links-Parteien ohnehin seit Längerem im einstelligen Bereich. In Polen sind die Sozialdemokraten nicht einmal mehr im Parlament vertreten.

Die Gründe für diesen historischen Einbruch der linken Mitte sind komplex und sicher zum Teil dem von Wolfgang Merkel und anderen diagnostizierten »Wähler-, Mitglieder- und Vertrauensverlust der Volksparteien« zuzuschreiben.[6] Doch sie haben eben auch inhaltlich-ideologische Dimensionen. Stellt man sich die Positionierung politischer Bewegungen in einem Koordinatensystem vor, das von einer kulturellen und von einer ökonomischen Achse gebildet wird, haben sich die europäischen Mitte-Links-Parteien in den vergangenen gut 20 Jahren sowohl auf der ökonomischen als auch auf der kulturellen Achse von ihrer Stammwählerschaft und in Kernpunkten auch vom Leitbild eines starken, politisch und sozial aktiven Staates entfernt – ein merkwürdiger Zustand für Parteien, deren verbleibende Stammwählerschaft in Westeuropa ironischerweise gerade im öffentlichen Dienst stark vertreten ist.

Für einen beträchtlichen Teil ihrer traditionellen Wähler sind die auf ökonomischen und identitätspolitischen Feldern von Mitte-Links-Parteien vertretenen Positionen mittlerweile zu einer Chiffre für zunehmend kritisch bewertete Globalisierungsphänomene geworden. Eine linke Mitte, die sich zum Fürsprecher sowohl einer ökonomischen als auch einer soziokulturellen Globalisierung auf Kosten des Nationalstaats macht oder zumindest als solcher wahrgenommen wird, hat es jedoch zunehmend schwer an der Wahlurne.

Als Ausgangspunkt des Sündenfalls hat sich dabei der strategische Kurswechsel europäischer Mitte-Links-Parteien in den 1990er-Jahren erwiesen, als sich weite Teile der progressiven Kräfte als »New Labour«, »Dritter Weg« oder »Neue Mitte« neu zu erfinden suchten. Linke Parteien distanzierten sich zunehmend von ihren traditionellen staatsfreundlichen Positionen und öffneten sich für die Liberalisierung der Märkte, für Deregulierung, für Privatisierung öffentlicher Daseinsfürsorge und für Freihandel. In der Anfangsphase dieses Kurswechsels erwies sich dieser Weg als durchaus fruchtbar. Immerhin gelangen Mitte-Links-Parteien mit diesem Ansatz wiederholt entscheidende Wahlsiege, nicht zuletzt in Großbritannien und in Deutschland. Doch langfristig erwies sich das Fruchtbare als furchtbar. Denn die Wende zur Mitte schuf einen tiefen ideologischen Graben zwischen den Parteien und ihrer traditionellen Wählerschaft. Mancherorts entstanden nicht zuletzt in dieser Konsequenz neue linksgerichtete Parteien, die, von der linken Mitte als ewiggestrige Ideologen verspottet, sich als Gralshüter der reinen Lehre vom starken Staat profilieren konnten.

Doch als mindestens ebenso toxisch erwies sich der Richtungsschwenk durch die parallel einsetzende Positionsverschiebung auf der kulturellen Achse. Denn parallel zur Neuorientierung in ökonomischen Fragen erfolgten auch in soziokultureller Hinsicht programmatische Verschiebungen zugunsten progressiverer und in ihrer Wirkung antinationalstaatlicher Positionen etwa in Fragen der Migrationspolitik. Durch die Bank lockerten Mitte-Links-Parteien Einwanderungsbeschränkungen, liberalisierten Staatsbürgerschaftsrechte und setzten auf progressive Identitätspolitik als Ersatz für traditionell kommunitaristische nationale Identitätsangebote. Zunehmend entwickelten sich vor allem diese auf der kulturellen Achse vollzogenen Positionsverschiebungen zum ideologischen Erkennungsmerkmal progressiver Gesinnung, während auf der ökonomischen Achse eine Leerstelle klaffte.

Nur ein Beispiel unter vielen ist hierfür die Entwicklung der Demokratischen Partei in den USA in Bezug auf Migrationspoli-

tik: Noch 2008 warnte das Parteiprogramm der Demokraten davor, »Menschen unbemerkt, undokumentiert und unkontrolliert«
ins Land zu lassen. 2016 wurde diese Passage ersatzlos gestrichen.
Eine stärkere Regulierung von Einwanderung erschien nicht nur
führenden Demokraten, sondern progressiven Amerikanern insgesamt zunehmend als undenkbar. Im Jahr 2014 – schreibt der
US-amerikanische Politikwissenschaftler und Journalist Peter
Beinart in der Zeitschrift *The Atlantic* – erklärte die University of
California den Begriff *melting pot* (Schmelztiegel) zu einer *Mikro-
aggression*. »Was«, fragt Beinart, »wäre geschehen, wenn Hillary
Clinton im Wahlkampf den Campus besucht und diese Sichtweise
als absurd bezeichnet hätte? Was, wenn sie die Eliteuniversitäten
aufgefordert hätte, nicht nur Multikulturalismus und Globalisierung, sondern auch Amerika zu feiern? Was, wenn sie die mit Mas-
seneinwanderung verbundenen Herausforderungen anerkannt
und darauf bestanden hätte, dass diese nicht durch das Bestehen
auf Unterschieden, sondern durch solches auf Gemeinsamkeiten
überwunden werden können? Einige auf der Linken hätten sich
echauffiert. Aber ich nehme an, Clinton wäre heute Präsidentin.«[7]
   In der Summe führten die Praxis einer ökonomischen Deregulierung und die Förderung umfänglicher Migration zu einer
Schwächung nicht nur der Nationalstaaten, sondern auch zu einer
Schwächung der ökonomischen Stellung sozial marginalisierter
Bürger, was sich heute als schwere Belastung erweist. Denn so progressiv diese Politik auch erscheint, so sehr erweist sie sich zumindest in Teilen als inkompatibel mit den Problemhierarchien vieler
Wählerinnen und Wähler. Vor allem viele normativ eher traditionell eingestellte Bürger am unteren Ende des sozialen Spektrums
fühlen sich nicht nur von den ökonomischen Entwicklungen der
Globalisierung, sondern auch in Anbetracht einer als weitgehend
ungesteuert wahrgenommenen Einwanderung verunsichert. Zu-
sammengenommen ist das ein gefährlicher Cocktail. Und selbst
wo die Befindlichkeiten nicht in Frustration umschlagen, trifft
manch ein von Progressiven als bahnbrechend bejubelter sozio-

ökonomischer Fortschritt im traditionellen Wählermilieu der linken Mitte bestenfalls auf Schulterzucken.

In Reaktion auf den Rückzug der Parteien von ihren traditionellen Anliegen haben sich viele klassische Wählergruppen der Sozialdemokraten neuen politischen Kräften zugewandt. Und zwar solchen, die über die Verunsicherungen angesichts einer entgrenzten Globalisierung nicht die Nase rümpfen, sondern vermeintlich die Sorgen aufgreifen, sie verstärken und für ihre Zwecke instrumentalisieren. Sicher, angesichts der neoliberalen Ausrichtung rechtspopulistischer Parteien wie der AfD oder der FPÖ ist dies eine geradezu groteske Entwicklung. Dies aber belegt nur das Ausmaß, in dem soziokulturelle Fragen herkömmliche ökonomische Anliegen bei den Wählern abgelöst haben. In Österreich und Großbritannien wurden rechtspopulistische Positionen bei den letzten Wahlen von bis zu 80 % der Arbeiterschaft unterstützt. In Frankreich und in Deutschland ist der Arbeiteranteil im Vergleich bislang niedriger, doch auch hier drohen sich die Rechtspopulisten zu neuen Arbeiterparteien zu entwickeln. Der doppelte Richtungsschwenk der Linken, ökonomisch und kulturell, und ihre Absage an Staat und Nation haben ein politisches Vakuum hinterlassen, das von der populistischen rechten Revolte mit völkischer Rhetorik begierig aufgefüllt wird.

Angesichts dieser zunehmend existenziellen Krise haben die Richtungsdebatten in den Mitte-Links-Parteien Europas – endlich – eine neue Qualität angenommen. Diese Auseinandersetzungen innerhalb der Linken sind ein schmerzvoller, aber notwendiger Schritt. Eine politische Kurskorrektur in ökonomischen Fragen nach links, hin zu einem wirtschaftlich intervenierenden und schützenden Staat, der sich in Bezug sowohl auf Freihandel als auch auf eine immer tiefere Integration in Europa *Opt-out*-Optionen offenhält, ist ein Signal für eine längst überfällige Rückkehr zu den programmatischen Kernkompetenzen der linken Mitte. Es ist ein Schritt hin zur Befreiung aus der Babylonischen Gefangenschaft vermeintlicher Alternativlosigkeit.

Doch ein langfristiger Erfolg allein durch Kurskorrekturen auf
der polit-ökonomischen Achse ist vor allem deshalb nicht garan-
tiert, weil ein solcher Schritt nur eines von zwei Kernthemen ansprechen würde, welche die Mitte-Links-Parteien in Europa vernachlässigt haben. Das immer offener zutage tretende Unbehagen
vieler Wähler gegenüber Aspekten progressiver Identitätspolitik –
und hier vor allem gegenüber Fragen der nationalen Identität im
Zusammenhang mit Migration – würde bei einem nur ökonomischen Kurswechsel unberücksichtigt bleiben. Das ist deshalb
verhängnisvoll, weil die Ergebnisse europaweiter Erhebungen regelmäßig die Bedeutung des Themenfelds Migration belegen. In
Europa gilt eben nicht einfach »It's the economy, stupid« – auch
wenn Mitte-Links-Parteien dies vielleicht gern so hätten.

Die Linke braucht den Nationalstaat
wie der Nationalstaat die Linke

Erforderlich ist deshalb eine doppelte Kurskorrektur: eine Rückbesinnung in ökonomischen Fragen auf linke Kernkompetenzen
sowie eine Positionsverschiebung auf der kulturellen Achse, die
gerade die Herausforderung der Migration überzeugend politisch
beantwortet. Beide Ebenen sind aber nicht getrennt voneinander
zu betrachten, sondern sollten zur Rehabilitation der politischen
Handlungsfähigkeit des demokratischen Nationalstaats als zentraler Akteur progressiver Politik auf nationaler, europäischer und
globaler Ebene zusammengeführt werden.

Hierfür aber ist es wenig hilfreich, tradierte Werte und Identitäten fortdauernd durch so wohlmeinende wie paternalistische
Erziehungsmaßnahmen infrage zu stellen. Wer nationale Identität
als Ausdruck eines reaktionären, falschen Bewusstseins behandelt,
wird den Graben zwischen ehemaligen Stammwählern und Parteien sicher nicht überwinden.

Als besonders problematisch erweist sich dabei nicht zuletzt die Tatsache, dass der Irrweg der Staatsskepsis der Linken – wie von Willy Brandt befürchtet – dem politischen Gegner auf der Rechten die Monopolstellung in einem zentralen Politikfeld überlassen hat. Anders als progressive Kräfte aber fühlen sich die Rechtspopulisten oder Rechtsextremen eben nicht aufklärerischen Werten verpflichtet, sondern deren Gegenteil. Das Resultat der Weigerung der Linken, wieder ihren Frieden mit dem Nationalstaat und einem aufgeklärten Patriotismus zu machen, ist, dass dieses Feld dem Wildwuchs ihrer Gegner von der rechten Seite überlassen wird. »Die Gründer der sozialdemokratischen Bewegung«, schreibt Sheri Berman von der Columbia University, »kannten das tiefsitzende und unauslöschliche psychologisch-menschliche Bedürfnis, Teil einer größeren Gemeinschaft zu sein. Dieses Bedürfnis wird auf die eine oder andere Art ausgefüllt, und wenn die demokratische Linke keinen Weg findet, es zu bedienen, werden weniger angenehme Kräfte nur zu gerne in die Bresche springen.«[8]

In der Konsequenz nährt eine Linke, die aus vermeintlich guten Gründen vor aufgeklärtem Patriotismus zurückschreckt, den antiaufklärerischen Nationalismus der Rechten. Eine Wiedergeburt der Linken dürfte daher erst dann möglich sein, wenn es progressiven Kräften wieder gelingt, ihre beiden Traditionslinien, nämlich sowohl Fürsprecher eines starken Nationalstaats als auch Garant eines weltoffenen Internationalismus zu sein, nicht als Gegensätze zu begreifen, sondern als komplementäre Ansätze. Nicht nur die Linke braucht deshalb den Nationalstaat, sondern auch der Nationalstaat braucht die Linke. Yascha Mounk, der in Harvard Politikwissenschaft lehrt, plädiert deshalb dezidiert für einen »inklusiven Patriotismus«.[9]

Ein Beispiel für eine solche weitgehend gelungene Verbindung liefert die Scottish National Party (SNP), die seit Jahren erfolgreich eine im europäischen Vergleich seltene Kombination von sozioökonomischen Positionen der linken Mitte mit einem ungemein populären *civic nationalism* praktiziert. Im Gegensatz zu europäischen rechts-sektiererischen Regionalparteien und ihrem meist ethnisch hergeleiteten Nationalismus setzt sie dabei auf einen progressiven und inklusiven Patriotismus, der nicht auf Abstammung, sondern auf einem in die Zukunft gerichteten Bekenntnis zur schottischen Nation beruht: Eine aktuelle Online-Kampagne der SNP zur Mitgliederwerbung »neuer Schotten« fasst diesen Ansatz in dem Slogan zusammen: »It is not where you come from that matters, what matters is where we are going together as a nation«.[10] Diese nicht exklusiv ethnische Identität wird indes nicht nur postuliert, sondern auch von einer Mehrzahl der SNP-Mitglieder getragen. Für eine breite Mehrheit von Parteimitgliedern ist für die Zugehörigkeit zur schottischen Nation dabei nicht Abstammung, Ethnie oder gar Religion entscheidend, sondern die individuelle Selbstwahrnehmung als Schotte oder Schottin – die dabei in keinerlei Gegensatz zu proeuropäischen Überzeugungen steht.[11]

Dass eine Wiederentdeckung der Nation dabei nicht einem Rückfall in dunkle Zeiten des Chauvinismus gleichen darf, versteht sich von selbst. In seiner Verteidigungsrede für den Staat erinnert Erhard Eppler die Staatsbürger zu Recht daran, »wachsam darauf [zu] achten, dass Staatsmacht nicht missbraucht wird, dass die Machtmittel des Staates Freiheit fördern und schützen, nicht einengen oder unterdrücken«. Doch ebenso gerechtfertigt ist seine Warnung, dass »im 21. Jahrhundert Gefahren lauern, die uns unmittelbarer bedrohen als überbordende Staatsmacht«.[12] In der Tat: Angesichts der aktuellen Herausforderung der Weltordnung durch Klimawandel, religiöse Irrationalität, technologischen Wandel und globale Monopolisten wären gerade die erbittertsten Gegner eines moderaten Nationalgefühls gut beraten, ihr Feindbild an die Gegebenheiten des 21. Jahrhunderts anzupassen.

Oft verweisen die Kritiker des Nationalstaats darauf, dass es einen zwingenden Zusammenhang zwischen Nationalstaat, Patriotismus und Chauvinismus gebe. Doch stimmt das noch? Verweisen nicht gerade sie mit Vorliebe auf die artifizielle Konstruktion der Nation? Woher dann das Beharren auf der zwingend negativen Rolle nationaler Identität? Wenn die Kritiker der Nation ihre eigenen – nicht von der Hand zu weisenden – Argumente ernst nähmen, müssten sie anerkennen, dass Patriotismus und das Konzept der Nation politisch und gesellschaftlich auch zum Guten zu formen sind. Das belegt nicht nur das weite Feld der existierenden Ausprägungen von Nation und Nationalstaat im europäischen und globalen Vergleich, sondern auch die unterschiedlichen Formen, die sie im Verlauf der Geschichte angenommen haben. Heute unterscheidet sich das in der Lebenswirklichkeit verwurzelte Nationalgefühl der großen Mehrheit der Europäerinnen und Europäer zum Glück in den allermeisten Fällen fundamental vom grauenhaften Hurra-Nationalismus des 19. und 20. Jahrhunderts, der zur Selbstzerstörung Europas geführt hat. Der »widerwärtig interessante Typus des imperialistischen Untertanen, des Chauvinisten ohne Mitverantwortung, des in der Masse verschwindenden Machtanbeters, des Autoritätsgläubigen wider besseres Wissen«, wie ihn einst Heinrich Mann charakterisiert hat,[13] ist längst eher Karikatur als vorherrschender Idealtyp. David Goodhart erinnert halb spottend daran, dass das Nationalgefühl heute seine Ausprägung eher in Auseinandersetzungen über die Höhe des Kindergelds denn im militärischen Flottenbau findet.[14] In Bezug auf Deutschland könnte man ergänzen, dass Bekenntnisse zu ökologischen und humanitären Verpflichtungen sowie historisches Verantwortungsbewusstsein und ein klares Bekenntnis auch zu europäischer Identität die progressiven Bestandteile eines zivilen Patriotismus bilden.

Man mag zu Recht fragen, ob diese Annahme nicht zu optimistisch ist. Denn sicher enthalten patriotische Empfindungen auch heute noch einen »Stachel der Irrationalität«[15], und unbestritten ist es, dass nicht zuletzt in Ostmitteleuropa nationalstaatliche Ressentiments und nationalreaktionäre Strömungen derzeit Zulauf erhalten. Doch das zentrale Problem ist doch gerade, dass ein positiver und weltoffener ziviler Patriotismus in dem Maße unwahrscheinlicher wird, in dem sich gerade die Linke gegen ihn verwahrt.

Gerade wenn man den Appell Tony Judts ernst nimmt, als Antwort auf die Krise der sozialen Demokratie »den Staat neu zu denken«, wird deutlich, dass ein weltoffenes Ja zu einem gemeinschaftlichen »Wir« auf nationalstaatlicher Ebene gerade durch Progressive eine Chance darstellt.[16] Zu entwerfen wäre hier ein aufgeklärtes patriotisches »Wir« als progressive Identität, das eben weder nach ethnischen Wagenburgen strebt noch im Gegensatz steht zu europäischer und globaler Kooperation. Ein solcher Nationalstaat wäre dem Alleinvertretungsanspruch der Extremisten entrissen und würde progressiven Kräften die Handlungsebene zurückgeben, auf der sie stets ihre größten Erfolge feierten. Kurzum: Ein solcher Staat wäre ein würdiger Adressat für ein so offenes wie deutliches linkes Lob der Nation.

1   Thomas Beschorner: »Linke Heldengeschichte dringend gesucht«. In: *Der Spiegel,* 15.1.2017

2   Rede von Willy Brandt über die Lage der Nation, Dortmund, 1.–5. Juni 1966. https://www.cvce.eu/content/publication/2007/8/16/cec6ebf1-6954-48c5-940c-66bf4f60467e/publishable_de.pdf

3   Dieter Groh und Peter Brandt: *»Vaterlandslose Gesellen«. Sozialdemokratie und Nation 1860 – 1990.* C.H. Beck, München 1992, S. 310.

4   Ibid., S. 320.

5   David Masciotra: »Barack Obama Reclaimed Patriotism for the Left: How his 2004 Speech Made a Hopeful, Inclusive America a Core Liberal Value«. In: *Salon,* 27. Juli 2016.

6   Wolfgang Merkel: »Der Niedergang der Volksparteien«. In: *Frankfurter Allgemeine Zeitung,* 10. November 2017.

7   Peter Beinart: »How the Democrats Lost their Way on Immigration«. In: *The Atlantic,* Juli/August 2017.

8   Sheri Berman: *The Primacy of Politics, Social Democracy and the Making of Europe's Twentieth Century.* Cambridge University Press, 2006, S. 215.

9   Yascha Mounk: *Der Zerfall der Demokratie. Wie der Populismus den Rechtsstaat bedroht.* Droemer, München 2018.

10 https://www.snp.org/new_scots

11 James Mitchell, Lynn Bennie, Rob Johns: *The Scottish National Party: Transition to Power*. Oxford University Press, 2012, S. 110.

12 Erhard Eppler: *Auslaufmodell Staat?* Suhrkamp, 2005, S. 144.

13 Heinrich Mann: *Der Untertan*. 1911.

14 Goodhart in Hillebrand, op. cit., S. 86.

15 Stephen Grosby: *Nationalism. A very short introduction*. Oxford University Press, 2005, S. 119.

16 Tony Judt: »Ill Fares the Land«. In: *The New York Review of Books,* 29. April 2010.

Dank

Für Anregungen, Hinweise und weiterführende Kritik bedanke ich mich bei Lale Akgün, Dominika Biegoń, Michael Braun, Jolie Chai, Anja Papenfuß, Marcus Roberts, Alexander Schellinger, Arne Schildberg, Wolfgang Silbermann, Jochen Steinhilber, Michael von der Schulenburg und – insbesondere – bei Ernst Hillebrand. Für die hier geäußerten Ansichten bleibe natürlich allein ich verantwortlich. Ebenfalls ein herzlicher Dank geht an Uwe Optenhögel, Alexander Behrens und Mareike Malzbender vom Dietz-Verlag sowie an Eckard Schuster, der die Genese dieses Essays mit Sachverstand und großem Engagement begleitete.

Über den Autor

Michael Bröning, geboren 1976, leitet das Referat *Internationale Politikanalyse* der Friedrich-Ebert-Stiftung in Berlin und ist Herausgeber der Zeitschrift *Internationale Politik und Gesellschaft*. Er kommentiert Fragen deutscher und europäischer Politik regelmäßig in internationalen Medien und schreibt für *Foreign Affairs*, *Politico*, *Project Syndicate* und *ZEIT ONLINE*. 2013 war er Lehrbeauftragter am *Otto-Suhr-Institut* der Freien Universität Berlin und im Frühjahr 2018 *John F. Kennedy Memorial Fellow* am *Center for European Studies* der Harvard University.